Rolf Hanisch
Rudolf Guder

Darstellendes Spielen mit Kindern

Band 2:
Die freie Spielarbeit

Deutscher Theaterverlag

ISBN 3-7695-0294-9

Satzherstellung: Elda GmbH, Darmstadt
Druck u. Bindearbeiten: Druckhaus Beltz, Hemsbach
Printed in Germany

Inhalt

Einführung

Vorbemerkung

Im ersten Band, „Die Arbeit mit dem Textspiel“, wurden dem Leser und Spielleiter Anregungen und Hilfen für das Einüben und Aufführen von Textspielen in Grundschulen und freien Kindergruppen gegeben.
Dieses Buch führt die praktischen Erfahrungen und Einsichten der Verfasser weiter aus, bis hin zur Freien Spielarbeit mit Kindern.
Hier werden das freie Spielen und Mimen, das Improvisisieren und Dramatisieren vorgstellt, wie es die Verfasser mit Kindergruppen gestaltet haben.
Das Buch wendet sich an Grundschullehrer, Kindergärtner und Leiter von Heimen und Einrichtungen der Freizeitpädagogik. Es werden Hilfen, Anregungen und Materialien für die Freie Spielarbeit mit fünf- bis zwölfjährigen Kindern angeboten, wobei die Schwerpunkte auf dem Grundschulalter liegen. Gezeigt werden soll, wie durch das darstellende Spielen bei den Kindern Ausdruckskräfte geweckt und entfaltet, wie szenische

Gestaltungen entwickelt und geformt werden können. Die Verfasser sind davon überzeugt, daß diese Arbeit zu den interessantesten Aufgaben des pädagogischen Umgangs mit Kindern gehört. Interessant für Spielleiter und Kinder gleichermaßen.
Der heranwachsende Mensch lernt dabei, sich in Bewegung, Gebärden, Gesten und Sprache klar und unmißverständlich auszudrücken, und auch an den Ausdrucksformen anderer abzulesen, was sie wirklich meinen.
In keinem anderen schulischen Bereich ist es möglich, die eigenen Ausdruckskräfte derart intensiv zu entwikkeln wie beim darstellenden Spielen. Hier entdeckt das Kind sich selbst und seine Möglichkeiten. Es lernt, sich spontan auszudrücken, situationsgerecht zu reagieren und kreativ zu handeln.
Was die Verfasser zu den pädagogischen Vorzügen der Arbeit am Textspiel in der Einführung zum ersten Band ausgeführt haben, gilt auch für die Freie Spielarbeit: Sie fordert und fördert beim einzelnen Kind und bei der Gruppe vielfältige emotionale und kognitive Kräfte.

Definition der freien Spielarbeit

Ziele

Unter „Freier Spielarbeit" wollen wir in diesem Buch alle darstellenden Spielformen verstehen, die nicht an einen vorgefertigten Text gebunden sind, also die improvisatorischen Spielformen. Auch das Rollenspiel und das Interaktionsspiel gehören im weitesten Sinne dazu, jedoch entkleidet ihrer sonstigen, mehr gesellschaftlichen Zielsetzungen. Alle diese Spielformen bieten dem Kind Gelegenheit und Anreiz, sich selbst als Gestalter einer Handlung zu erleben. Das fördert seine Ausdrucksmittel, entwickelt, stärkt und sensibilisiert die Kinder ganz allgemein für Eindrücke, läßt als zweiten Schritt ihr Ausdrucksvermögen wachsen.

Die Ziele der Freien Spielarbeit sind somit:

- Spaß und Freude am Darstellen vermitteln
- Kreative Ausdrucksformen entwickeln
- Die individuellen Möglichkeiten der Körpersprache erweitern
- Situationsgerechtes Bewegen und Sprechen üben
- Erste Einsichten in dramaturgische Gesetze vermitteln
- Aus Handlungselementen dramatische Szenen gestalten
- Das Einüben eines Textspiels lockernd und experimentierend begleiten.

Dabei sind die Freie Spielarbeit und die Arbeit am vorgeformten Textspiel keine Gegensätze. Sie bemühen sich beide um die Stärkung der Ausdruckskräfte des

Kindes. Nur ihre Schwerpunkte sind unterschiedlich. Bei der Arbeit am Textspiel ist durch das Textbuch ein fester Rahmen gegeben, in den sich Spieler und Spielleiter weitgehend einzufügen haben. Die sachlichen Zwänge des Vorhabens stehen im Vordergrund. Die Erfahrung, die dabei gesammelt wird, ist das Kennenlernen der eigenen Möglichkeiten, sich in vorgegebenen Situationen zu bewähren.
Anders bei der freien Spielarbeit, wo der Rahmen weiter gesteckt wird, wo die „Spielregeln“ von Mal zu Mal frei vereinbart werden – allerdings muß man sich dann ebenso daran halten.

Einsatzmöglichkeiten

Es ergeben sich folgende Einsatzmöglichkeiten:
- Als Auflockerung während der Erarbeitung eines Textspiels
- Als Hinführung zu einer Schwerpunktszene eines Textspieles
- Als Weiterführung der spielerischen Handlung eines Textspieles
- Als Vorstufe zu einem Textspiel der Gruppe nach einer selbst gesuchten Spielfabel
- Als Lehrgang mit geplanten Ausdrucks- und Gestaltungsaufgaben
- Als lockere Spielstunde im Klassenverband zu besonderen Gelegenheiten oder zum Wochenschluß.

Im Vordergrund steht immer die Entwicklung der Ausdruckskräfte, zwanglos, ohne Leistungsdruck. Leiter und Spieler können ihre Stärken und Defizite unbekümmerter erleben, Hemmungen, Verkrampfungen können ausgeglichen und abgebaut werden. Das macht diese Form des darstellenden Spielens auch geeignet für unterentwickelte, gestörte Kinder. Sie finden hier einen Freiraum, um ihre verschütteten Ausdruckskräfte zu wecken, zu schulen und dadurch ihr Verhalten zu verändern. Das wird immer wichtiger in einer Zeit, da selbständiges Sehen und Hören, Darstellen und Gestalten immer mehr zurücktreten zugunsten der passiven Aufnahme vorgefertigter Gestaltungen in Funk, Fernsehen und Video. Freie Spielarbeit ist also, davon sind wir überzeugt, keine Spielerei, sondern ernstzunehmende Arbeit am einzelnen Kind und an der Gruppe. Es ist keine Musik-, keine Gymnastikstunde, auch keine Theaterübungsstunde, sondern eine besondere Veranstaltung von Schule und Gruppe, in der an die Stelle von Leistungsdruck eine andere Art von Arbeit tritt: Das konzentrierte Darstellen und Sichausdrücken.

Auswirkungen

Wir haben erfahren: Auch in anderen Schulfächern und Lebensbereichen wirkt sich diese Arbeit positiv aus:

- Die Konzentrationsfähigkeit wird verbessert
- Die Beobachtungsgabe verfeinert sich
- Die mündlichen und schriftlichen Asudrucksfähigkeiten werden differenzierter
- Das Auftreten in Haltung und Stimme wird selbstbewußter
- Konfliktsituationen werden erkannt und durchschaut
- Das soziale Verhalten verbessert sich.

Vorführen von Ergebnissen

Die Ergebnisse der Freien Spielarbeit sind nicht gedacht als Aufführung vor Zuschauern, die nicht zur Gruppe gehören.
Die Ziele, Stärkung der Spontaneität und kreatives Gestalten aus der Improvisiation heraus, würden durch intensives Üben beeinträchtigt. Solche Gestaltungen aus der Improvisation sind Produkte des Augenblicks, sie sollten nicht festgelegt werden.
Fremde Zuschauer haben immer eine bestimmte Erwartungshaltung, und die Darsteller spielen vor Fremden zwangsläufig mit jenem Erfolgsdruck, den die Freie Spielarbeit gerade abbauen will.
Die Projekte sollten deshalb exakt unterschieden werden. Steht eine Aufführung ins Haus, sind beim Einstudieren zwar Elemente der Freien Spielarbeit nützlich als Einstieg, als Erarbeitungsmethode, als Lockerung, aber das Ziel sollte von vornherein feststehen „Wir gestalten ein aufführbares Stück", während es umgekehrt heißt, „Wir spielen für uns".
Anders ist es, wenn eine Gruppe ihre Erarbeitungswege einer anderen Kindergruppe vorführt und dadurch zeigen will, wie solche Arbeit abläuft. Das könnte Kinder und Lehrer zur Nachahmung anregen. Es ist auch zu empfehlen, mit der Gruppe zusammen Möglichkeiten zu erörtern, wie man einzelne Phasen dieser Demonstration so gestaltet, daß Zuschauer mitmachen können.

Organisation

Gruppenbildung

Die Freie Spielarbeit – das „Theaterspielen", wie es die Kinder gern nennen – kann in der Schule in vielfältiger Weise eingesetzt werden.

Als regelmäßige Arbeitsgemeinschaft

Hier ist eine ganze Klasse oder ein Teil einer Klasse beteiligt, die zu einer im Stundenplan festgelegten Zeit spielt. Klassenübergreifend bildet es ein Angebot innerhalb einer Klassenstufe als eine Wahlmöglichkeit unter anderen.

Als Spielstunde zum Wochenausklang

Hier wird das darstellende Spielen mehr in der Form des geselligen Spielens durchgeführt, enthält also viele Rate-, Fopp- und Wettkampfelemente.

Als Angebot in einer Projektwoche

Die organisatorischen Möglichkeiten entsprechen hier denen der Arbeitsgemeinschaft. Nur wird hier Tag für Tag während einer Woche zwei bis vier Stunden konzentriert gespielt.

Als Vorhaben während eines Landheimaufenthaltes

Während dieser Zeit sind die Kinder für diese Form der Arbeit besonders aufgeschlossen.

Von diesen Organisationsformen ist die der Arbeitsgemeinschaft am fruchtbarsten. Erst wenn die Beschäftigung und Erfahrung mit dem Darstellen über einen längeren Zeitraum und regelmäßig erfolgen, zeigen sich deutlich Verbesserungen im Zusammenspiel, Steigerung der kreativen Spielfantasie und Erwerb von Sicherheit beim Einsatz des darstellerischen Handwerkszeugs.

Wird eine Arbeitsgemeinschaft vom Klassenlehrer mit den Kindern seiner Klasse durchgeführt, so bietet sie zudem für Lehrer und Schüler die Chance, sich in einer anderen Atmosphäre und in einem vom Fachunterricht sich stark unterscheidenden Arbeitsgebiet zu begegnen und näherzukommen. Freie Spielarbeit in der Schule ist sicher eine der fruchtbarsten Möglichkeiten zur Verbesserung der Beziehungen zwischen den Schülern einer Klasse untereinander und auch zwischen Lehrkraft und Schülern.

Wird mit einer ganzen Klasse gespielt, so ist es für den Anfang zu empfehlen, sie jeweils zu teilen, in eine zuschauende und eine agierende Gruppe. Letztere sollte nicht mehr als zehn bis zwölf Kinder umfassen. Wenn der Wechsel häufig genug stattfindet, führt das nicht zu Langeweile, sondern allmählich zu immer sachverständigerem Beobachten und Beurteilen.

Der Spielraum

Ein Raum zum Spielen wird sich in jeder Schule finden lassen. Auch der freigeräumte Klassenraum ist geeignet, wenn nur eine ausreichende Spielfläche entsteht und die Spieler sich auf den Fußboden setzen und legen können. Notfalls eignen sich auch Pausenhalle oder Musiksaal, ebenso die Turnhalle. Hier sollte die Spielfläche mit einem Teppich ausgelegt werden.

Ein besonderer Spielraum ist jedoch vorteilhaft, weil dieser auf Dauer so eingerichtet werden kann, wie es für das Spielen vorteilhaft ist.

Ein idealer Raum sähe so aus:

- Die Größe beträgt etwa neun mal sechs Meter, also ungefähr Klassengröße.
- Der Raum dient allein der Freien Spielarbeit.
- Er liegt in einer ruhigen Zone des Gebäudes, da Geräusche von außen die Konzentration auf das Spielen verhindern.
- Er enthält nichts, was die Spieler ablenken könnte. Vorhanden sind nur Gegenstände für improvisierte Spielbauten, zwei, drei stabile Tische, einige Hocker und Stühle, eine lange, lehnenlose Bank und ein großer Schrank zur Aufbewahrung von Spieldingen, Spielkleidern und Musikinstrumenten, Plattenspieler oder Kassettenrekorder. Einige leichte, wenig Platz benötigende Stellwände und eine bewegliche Tafel vervollständigen die Einrichtung.
- Der Boden ist weich und warm. Ein ausrollbarer Teppich wäre optimal, Auslegung mit Teppichboden ist akzeptabel.

– Wünschenswert sind Verdunkelungsmöglichkeit und regelbares Licht.

Spielmaterial

Für das freie Improvisieren sind viele verschiedene Dinge einfachster Art nötig, die für die unterschiedlichsten Funktionen abgewandelt und gebraucht werden können. Sinnvoll einzusetzen sind sie aber nur, wenn sie ohne Zeitverlust verfügbar sind. Sie werden also im Spielraum oder in seiner unmittelbaren Nähe aufbewahrt. Sie stammen aus Sammelaktionen, die Gruppenmitglieder veranstaltet haben. Bei Auflösung einer Gruppe werden sie an die Nachfolger „vererbt". Vollständigkeit kann bei den hier folgenden Aufzählungen nicht erreicht werden:

Spieldinge

In einer großen Kiste – die auch als Spielgegenstand genutzt werden kann – sind viele große und kleine Gegenstände gesammelt:
Stöcke – Schirme – verschiedene Taschen – Schalen – Flaschen – Vasen – Becher – Gießkanne – Töpfe – Zigarrenkisten – Pappröhren – Fernglas – Taschenlampe – Brillengestell – Bälle – Seile – Schnüre – Beutel – Sack – Rucksack – Korb – Blechdose.

Spielkleider

In einer zweiten großen Kiste, einem alten Wäschekorb mit Deckel oder einer Truhe werden die verschiedensten Dinge aufbewahrt, die als Spielkleider dienen können:
Mützen – Hüte – Perücken – farbige Tücher – Gardinen – Schleier – Decken – Hemden – Hosen – Jacken – Pullover – Schuhe – Stiefel.

Musik- und Geräuschinstrumente

Außer einigen Orffinstrumenten werden verschiedene Geräuscherzeuger gebraucht:
Schachtel mit Erbsen – Trichter als Megaphon – dünne Blechplatte als Gewitter – Waschmitteltrommel – Blechdosen – Schwirrholz – Wecker – Glocke – Kette.

Hilfsmaterialien

Einfache Bastelmaterialien und Farben sind nötig, um ohne Zeitverlust spielwichtige Veränderungen vornehmen zu können:
Pappen – Zeichenpapiere – Buntstifte – Kreide – Klebstoff – Klebeband – Heftmaschine – Schnur – Wäscheklammern – Schminkfarben – Bast – Wollreste – Draht.

Der Spielleiter

Spielleiterverhalten

Der Spielleiter einer Kindergruppe braucht kein Alleskönner oder Theaterfachmann zu sein. Jeder pädagogisch interessierte Erwachsene kann die Aufgaben des Spielleiters übernehmen und bei der Arbeit und durch die Arbeit lernen. Dabei soll dieses Buch helfen. Über Erfolg oder Mißerfolg entscheidet nicht zuletzt, wie sich der Spielleiter der Gruppe gegenüber verhält. Dazu lassen sich einige elementare Aussagen machen:

- Er akzeptiert die Kinder so, wie sie sind, in ihrer individuellen Art, seien sie begabt, unbegabt, gehemmt oder selbstbewußt.
- Er versucht, alle Kinder zu fördern und sie einzeln im Auge zu behalten.
- Er nimmt die Kinder immer ernst, hört ihnen zu und geht auf ihre Anregungen einfühlsam ein.
- Er meidet jeden Leistungsdruck und schafft eine Atmosphäre, in der die Spielarbeit (es ist Arbeit in andrer Form) konzentriert ablaufen kann.
- Er sorgt dafür, daß die Freie Spielarbeit kindgemäß bleibt und das Interesse der Kinder nicht erlahmt.
- Er achtet darauf, daß alle Kinder ins Spiel kommen und nicht nur einige Stars sich in den Vordergrund spielen. Deshalb läßt er öfters die Rollen tauschen. Das verlangt Fingerspitzengefühl für die Kräfte und Strebungen der einzelnen Spieler.
- Er entscheidet, wo er helfen, ermuntern oder dämpfen muß, damit jeder seinen Platz im Spiel findet.

- Er achtet auf Abseitsstehende und gibt ihnen Zuspruch, um auch sie allmählich ohne Überforderung ins Spiel zu bringen und ihre Spielfreude zu fördern.
- Er lernt die Kinder mit ihren Interessen, Wünschen, Besonderheiten und Schwierigkeiten schnell kennen.
- Jedem Kind gibt er Gelegenheit, seine Fähigkeiten zu erproben und kennenzulernen. Dabei darf er nicht zu Eile antreiben, sondern muß jedem Kind Gelegenheit geben, sich zu entfalten.
- Er greift Anregungen auf, verstärkt sie durch sein positives Verhalten und verhilft der Gruppe dazu, sie zu verwirklichen. Er bleibt immer offen für Anregungen und Fragen der Kinder, mögen sie noch so fantastisch wirken.
- Er denkt mit und hilft, wenn das Spiel stockt, erlahmt oder ausufert, mehr durch Fragen, Impulse und Hinweise als durch direkte Aufträge und Belehrungen. Mit eignen Ideen, Vorschlägen und Verbesserungen geht er sparsam um.
- Er redet wenig und führt durch optische und leise akustische Signale.
- Er spielt mit, sobald das vorteilhaft für die Kinder ist, und zieht sich wieder zurück, wenn ihn die Gruppe nicht mehr braucht.
- Er lobt statt zu kritisieren.
- Er erzieht auch die Gruppe dazu, Beurteilungen und Kritik in posititver Form zu äußern.
- Er bringt durch Beispiel und Vorbild die Kinder dazu, selbst geringe Fortschritte einzelner anzuerkennen.
- Er begleitet das Spielen wohlwollend kritisch und

führt die Gruppe und einzelne Spieler immer wieder zum roten Faden des Spiels zurück.
- Er ist mit den Spielern enttäuscht über Nichtgelungenes und freut sich mit ihnen über Gelungenes.
- Er benutzt die Arbeit und die Kinder nicht dazu, sein eignes Geltungsbedürfnis zu befriedigen.

Lernen durch Erfahrung

Vor- und Nachbereitung

Der Spielleiter sollte ein Arbeitsbuch führen, in dem er seine Planungen, seine positiven und negativen Erfahrungen notiert. Die Freie Spielarbeit kann in den seltensten Fällen aus dem Handgelenk erfolgen. Und selbst da, wo er improvisierend arbeiten muß, gilt die alte Regel, daß eine gute Improvisation besonders gut vorbereitet werden muß. Zuerst sollte der Spielleiter sich aufschreiben, was er in der Stunde vorhat. Folgende Fragen müssen im Voraus beantwortet werden:
- Welches soll der Schwerpunkt der Übungsstunde sein?
- Welche Nebenangebote passen dazu?
- Welche Materialien sind bereitzustellen?
- Wie werden die Kinder im Übungsraum empfangen?
- Welche Methode des Anwärmens und Einstimmens führt am besten zum Schwerpunkt der Stunde hin?
- Welches Spiel bietet sich zum Ausklang an?
- Welche Schwierigkeiten können auftauchen?

Dazu stellt er die nötigen Arbeitsmittel, wie Spieldinge,

Geräuschinstrumente, Spielkleider und Bauteile zusammen, damit sie zu Beginn der Stunde bereitliegen und ohne Zeitverlust eingesetzt werden können. Um die Kernübung der Stunde herum werden vorbereitende, aufwärmende, einstimmende und ausklingende Übungen geplant.

Ebenso sollte er während oder gleich im Anschluß an eine Übungsstunde stichwortartig aufzeichnen, was die Spieler während der Arbeit Neues und Überraschendes gebracht haben. Er selbst ist Lernender und sollte Ideen und Lösungen für später fixieren. Die Kinder können es ruhig merken, daß er sich zum Spielen Notizen über seine Beobachtungen macht.

Beobachtungsnotizen

- War die Spielstunde ausreichend vorbereitet?
- Was fehlte? Was erwies sich als überflüssig?
- Wie haben die Gruppe und einzelne Spieler auf eine gestellte oder selbstgewählte Aufgabe reagiert?
- Welche interessanten Ansätze, Varianten und Vorschläge kamen von den Kindern?
- Welche Impulse des Spielleiters haben das Spiel gefördert?
- Welche erwiesen sich als Fehlschläge?
- Wo hätte eine besondere Übung oder ein Spiel eingeschoben werden sollen?
- Welche Übungen eigneten sich für mimische Darstellungen?
- Wo haben sich einzelne Spieler besonders entwickeln können?

– Welche Spieler sollten besser aktiviert und gestützt werden?
– Wo hätte sich der Spielleiter mehr zurückhalten sollen?

Nachbereitung

Nach der Stunde ist auch eine allgemeine knappe Nachbereitung wichtig, die zeigt:
– Wie die Stunde abgelaufen ist
– Wie die Kernaufgabe von den Kindern angenommen wurde
– Welche Schwierigkeiten aufgetaucht sind
– Wie sie gelöst wurden
– Wo von der Vorplanung abgewichen werden mußte.

Besonders interessante Spielverläufe sollten in ihrem Verlauf skizziert und als Fundus für später genutzt werden.

Reflektieren von Darstellungsmängeln

In ähnlicher Weise reflektiert der Spielleiter auch über beobachtete störende Darstellungsmängel. Er versucht, sich über die Ursachen klar zu werden und Hilfen zu ersinnen, zum Beispiel:
– Einzelne Spieler laufen unkontrolliert und wie ziellos auf der Spielfläche herum ohne erkennbaren Zusammenhang mit der Handlung:

  Hier sind die Ortsangaben nicht eindeutig vorgeklärt. Es kann auch sein, ein Spieler ist gerade wenig am Geschehen beteiligt und meint, er müsse wenigstens durch Herumrennen in Aktion treten. Beides läßt sich verhindern, indem jeder Spieler seinen Ort in der Szene genau kennt. Er muß wissen, daß er sich dort aufzuhalten hat, bis die Handlung sein Eingreifen verlangt.

- Spieler berühren sich ohne Grund und rempeln sich an:

  Sie sind noch nicht in der Lage, sich auf beengtem Raum so zu bewegen, als wäre genug Platz vorhanden. Das muß gelernt werden. Als Grundübung dazu eignet sich rhythmisch gesteuertes Umhergehen auf engem Raum, ohne sich zu berühren oder zu behindern.

- Beim Sprechen reden die Spieler durcheinander. Einer äußert sich spontan, obwohl er noch nicht an der Reihe ist, oder weil sich der momentane Sprecher so langatmig und umständlich ausdrückt, daß die anderen ungeduldig werden:

  Der jeweilige Sprecher hat sich knapp und klar auszudrücken. Den Anzusprechenden schaut er an, der erwidert seinen Blick. Alle anderen hören interessiert aber stumm zu, untermalen das gehörte mit Gebärde und Mimik und im passenden Moment mit kurzen Gefühlsäußerungen. Die Kinder müssen merken, daß Freies Spielen für alle bedeutet, jederzeit die anderen und die Spielaufgabe im Auge zu behalten, sich nicht auf Kosten der anderen oder der Spielidee hervorzutun.

- Ein Spieler übertreibt seine Darstellung und ist auf einmal nicht mehr angemessen in seiner Rolle:

  Ein solcher Spieler ist anzuhalten, sich zu Übungszwecken in der Gebärde und im Sprechen besonders zurückzuhalten. Hier ist es nötig, diesem Spieler im Einzelgespräch zu zeigen, wie eine kleine Bewegung, eine kurze Bemerkung die Rolle ausdrucksvoller erfüllen kann.

- Gebärden sind in bestimmten Situationen fahrig, schwammig und unklar:

  Hier muß geübt werden, Gebärden bewußt, sparsam und eindeutig einzusetzen.

Übungen und Spiele, die helfen können, diese Mängel zu mindern oder zu beseitigen, werden später noch an vielen Stellen dieses Buches vorgestellt.

Erkennen der Ursachen von Störungen

Bei jeder Arbeit mit einer Gruppe von Kindern treten immer wieder bestimmte Störungen auf, die Gruppenklima und Arbeitsfreude mindern. Das kann sich auch bei der Freien Spielarbeit ergeben. Solche Störungen können verschiedene Ursachen haben:

Fehlverhalten des Spielleiters

- Der Spielleiter erscheint unpünktlich

  Die Gruppe beginnt im oder vor dem Spielraum zu toben. Die Erwartungshaltung ist bei einem Spielvorhaben besonders hoch, die Enttäuschung deshalb entsprechend groß, wenn es nicht pünktlich losgeht. Eine Gruppe, die erst einmal außer Rand und Band ist, läßt sich nur schwer wieder in eine gute Spielhaltung versetzen. Es ist sogar zu empfehlen, daß der Spielleiter vor der Gruppe im

Raum ist und leise Musik anstellt. Die einzeln eintreffenden Kinder setzten sich ruhig auf den Boden und hören zu. Das ergibt eine gute, für alle gleiche, beruhigende und sammelnde Einstimmung.

- Der Spielleiter nimmt die Vorbereitung der Spielarbeit nicht ernst genug

  Er vertraut darauf, ihm würde schon etwas einfallen. Das erweist sich fast immer als Irrtum. Spielarbeit verlangt vom Spielleiter Konzentration und Lockerheit zugleich, Eingestimmtheit und Überschau, Disziplin und Kreativität. Um das zu erreichen, ist gewissenhafte Vorbereitung nötig.
- Der Spielleiter ärgert sich sichtbar über Fehlverhalten der Gruppe

  Die Kinder kichern dauernd oder sind zu lahm, flüstern miteinander, haben keien Einfälle. Das sind fast immer Zeichen dafür, daß die Spielaufgabe nicht richtig eingestimmt wurde, unverständlich oder zu schwer ist. Ein kurzes Gespräch mit der Gruppe hilft da sofort und besser als nörgelnde Kritik. Eine Aufgabe wird noch einmal durchdacht und eventuell in Teilschritte zerlegt, bevor sie erneut angeboten wird. Die Kinder lernen dabei am praktischen Beispiel: Es gibt sympathischere Methoden, Fehlverhalten abzubauen, als Schimpfen oder gar Sanktionsdrohungen. Hilft das gemeinsame Reflektieren nicht, so war die Aufgabe zu schwer und sollte aufgegeben werden.
- Der Spielleiter verhält sich kumpelhaft

  Das mögen besonders jüngere Spieler nicht. Die Distanz zum Leiter gibt ihnen größere Sicherheit, als wenn er sich wie ihresgleichen benimmt. Es ist nicht einfach, hier die richtige Balance zu halten und auch nicht in Kühle, Strenge und Kontaktlosigkeit abzugleiten.

Zusammensetzung der Gruppe

- Die Gruppe ist zu groß
  Dadurch behindern sich die Kinder. Spielbewegungen können nicht locker ausgeführt werden, es fehlt an freier Entfaltung. Ist das nicht durch Verringerung der Teilnehmerzahl zu ändern, so muß immer ein Teil der Kinder am Rande sitzen und zuschauen, während die anderen agieren. Diese Zuschauer beobachten dann die anderen nach festgelegten Kriterien.
- Unter den Spielern treten Rivalitäten auf
  Einige Spieler zeigen Starallüren, andere ärgert das, es kommt zu Rempeleien, Verunglimpfungen und Streit und damit zur Vergiftung der Spielatmosphäre. Solche Störungen müssen so schnell wie möglich beseitigt werden. In der Gruppe läßt sich so etwas nur zu Beginn und in leichteren Fällen durch ein gemeinsames Gespräch ausräumen. In schwereren Fällen empfiehlt es sich, mit den Rivalen allein zu sprechen, um sie zu Toleranz und Achtung vor den anderen zu bringen. Grundsatz der Therapie sollte sein: Es ist ganz natürlich, wenn unter Menschen, die eng zusammenarbeiten müssen, Rivalitäten entstehen. Sie müssen nur durch Selbstdisziplin und Rücksichtnahme in Grenzen gehalten werden.

- Einzelne Spieler vermögen sich nicht einzufügen
  Sie reagieren agressiv, wenn andere ihnen zu nahe kommen. Es besteht die Gefahr, daß sie von den anderen abgelehnt und isoliert werden. Das löst sich am besten, wenn der Spielleiter ohne viel Aufhebens einen solchen Außenseiter für kurze Zeit aus dem Spiel nimmt und ihm eine Spezialaufgabe gibt, z. B. Rhythmus klopfen. Ist das Fehlverhalten nicht nur vorübergehend, so muß behutsam durch besondere Spielaufgaben versucht werden, seine Integration in die Gruppe zu verbessern.
- Einzelne tun sich auf Kosten aller anderen hervor
  Jeder hat seine Spielweise der Situation anzupassen. Das müssen alle wissen. Es erfordert die Gratwanderung zwischen Unter- und Überspielen, sich einerseits spielerisch und sprachlich frei und ungezwungen auszudrücken, andrerseits aber das ganze und die anderen nicht aus dem Auge zu verlieren.

Äußere Umstände

- Der Raum ist zu klein
  Die Spieler können sich nicht entfalten. Das muß geändert werden, oder das Vorhaben läßt sich in der geplanten Form nicht durchführen. Als Faustregel für die Größe des Raumes kann gelten: Für jeden Spieler müssen mindestens 2 Quadratmeter freie Spielfläche vorhanden sein.

– Der Fußboden ist nicht geeignet
  Auf Steinfußboden können sich die Kinder nicht locker niederlassen. Holz- oder PVC-Boden sind bedingt geeignet. Am besten spielt es sich auf Teppichboden.
– Durch Lärm von außen
  Durch andere Klassen, Straßengeräusche oder eine Baustelle in der Nähe werden Einstimmung und Konzentration behindert. Auch solche Gegebenheiten machen den Raum für die Freie Spielarbeit unbrauchbar.

Spielregeln für Leiter und Gruppe

Jedes Spiel braucht Spielregeln, damit es zu einer geordneten Gestaltung werden kann. So wird auch für die Freie Spielarbeit durch Regeln erst der Rahmen geschaffen, in dem sich die Gruppe und der Einzelne entfalten können, ohne daß größere Störungen auftreten. Der Spielleiter muß solche Regeln mit der Gruppe gemeinsam erarbeiten und von Fall zu Fall erweitern und verändern. So werden es eigene Regeln, und den Spielern wird es als selbstverständlich erscheinen, sie anzunehmen und sich um ihre Einhaltung zu bemühen.
Folgende Regeln könnten sich als Zusammenfassung des bisher Gesagten ergeben:
– Wir verständigen uns hauptsächlich durch Zeichen und reden während der Spielübungen nur zur Sache.
– Für besondere Situationen benutzen wir besondere Zeichen, Handbewegungen oder akustische Signale.
  Dafür eignen sich zarte Schläge auf einer Zimbel,

einem Klangstab oder auch dem Päukchen. Je leiser der Spielleiter solche akutischen Zeichen einsetzt, desto angenehmer empfinden das die Spieler, und ihre Reaktionen darauf sind entspannt und gelöst.

- Solche Zeichen setzen wir ein:
  Zum Beginn einer Übung, zum Abbrechen, beim Durchführen einer Variante, als Signal zum Eingreifen weiterer Spieler und als Akzente zur Verstärkung. Je verbindlicher und deutlicher ein solches Zeichen ist, desto wirkungsvoller und hilfreicher ist das für den Ablauf.
- Wir berühren uns nur, wenn es im Spiel notwendig ist.
- Wir setzen nur so viel Kraft in der Bewegung und der Stimme ein, wie es für die Situation notwendig erscheint.
- Wir beobachten die anderen Spieler, damit wir auf ihr Spielen eingehen können, sie nicht behindern oder stören.
- Wir schauen ruhig und aufmerksam zu, wenn wir gerade nicht spielen.
- Wir nehmen jeden als Mitspieler an, der sich im Spiel versuchen will.
- Wir zwingen oder drängen niemanden, eine bestimmte Aufgabe zu übernehmen.
- Wir lachen keinen aus, wenn ihm ein Versuch mißglückt.

Grundübungen

Gesellige Spiele

Verständigungsspiele

Tip

Alle Kinder sitzen locker mit geschlossenen Augen auf dem Boden. Der Spielleiter tippt ein Kind an. Das geht zu einem anderen hin, tippt es ebenfalls an und setzt sich dann wieder an seinen alten Platz. Alle öffnen die Augen und berichten, was sie gehört haben, welches Kind der Spielleiter angetippt und wen dieses wieder berührt hat.

Abstellknopf

Die Hälfte der Gruppe wird hinausgeschickt. Die Zurückbleibenden vereinbaren eine Körperstelle, zum Beispiel das Ohrläppchen, das Knie oder die Nasenspitze als Abstellknopf. Dann fangen alle an, einen summen-

den Dauerton von sich zu geben. Die anderen kommen wieder herein, und jeder versucht, bei einem der Summer den Abstellknopf zu finden. Ist er gefunden, verstummt das Kind.

Verständigung ohne Worte

Die Kinder gehen zu leiser Musik entspannt im Spielraum umher. Der Spielleiter unterbricht die Musik nach einer Weile und gibt eine Anweisung, die so lange wortlos ausgeführt werden soll, bis die Musik wieder einsetzt.

Die Anweisungen enthalten Kontakt- und Verständigungsaufgaben, die ohne Worte schwer durchzuführen sind:

- Versuche, ein anderes Kind mit deiner Schulter an seiner zu berühren. Gelingt das, so faßt euch an den Händen und wirbelt euch ein paarmal herum.
- Laß dich von einem anderen kraulen. Mach ihm klar, wo das sein soll. Denke daran, daß er sich von dir auch kraulen lassen will.
- Suche dir einen Partner und verabrede mit ihm ohne Worte, wer von euch den anderen in den Hüftsitz nehmen und mit ihm im Raum herumtraben soll.
- Findet euch zu dreien zusammen und verabredet ohne Worte, wer von euch von den beiden anderen auf Händen getragen werden soll.

Schriftlicher Auftrag

Auf Zetteln steht, wozu ein Kind ein anderes veranlas-

sen soll, zum Beispiel: „Bringe Deinen Partner dazu ...“:
– das Licht anzuschalten
– den Spielleiter auf die Nase zu tippen
– sich einen roten Klecks auf die Nase zu malen
– Detlef den linken Strumpf auszuziehen.
Zwei Kinder ziehen als Partner solche Zettel. Jeder versucht, seinen Partner das ausführen zu lassen, was auf seinem Zettel steht. Sprachliche Verständigung ist dabei verboten.

Schatz – Dieb – Wächter

Alle Kinder, bis auf eins, das hinausgeschickt wird, sitzen im Kreis, der zwei Lücken aufweist. In der Kreismitte liegt eine Tasche oder ein Päckchen als Schatz. Ein Kind wird zum Wächter bestimmt und dann das hinausgeschickte Kind hereingerufen. Das ist der Dieb. Er tritt in den Kreis, versucht, den Schatz zu rauben und damit den Kreis zu verlassen, ohne vom Wächter abgeschlagen worden zu sein. Sobald er den Schatz berührt hat – aber nicht vorher – darf der Wächter Jagd auf den Dieb machen. Dieser versucht zunächst durch Finten herauszubekommen, wer der Wächter ist, um durch die günstigere Lücke zu entweichen. Die anderen Kinder tun aber auch so, als wären sie der Wächter, um ihm das Entdecken des richtigen Wächters zu erschweren. Gelingt es dem Dieb, durch eine Lücke zu entkommen, so bestimmt er den nächsten Dieb, sonst tut das der Wächter.

Ratespiele

Inspektion

Alle sitzen auf dem Boden. Ein Kind wird hinausgeschickt. Dann wird irgendetwas im Raum verändert, zum Beispiel:

- *Zwei Kinder wechseln die Plätze*
- *Ein Kind zieht die Jacke eines anderen an*
- *Ein Stuhl wird woandershin gerückt*
- *Ein Vorhang wird verändert.*

Das Kind wird wieder hereingerufen und versucht, die Veränderung zu entdecken. Gelingt es ihm, so bestimmt es das nächste Kind, das hinausgehen darf.

Dirigent

Ein Kind wird als Beobachter zunächst hinausgeschickt. Die anderen sitzen im Kreis. Eins wird zum Taktgeber gewählt. Der Beobachter wird hereingerufen, und der Taktgeber beginnt mit einer Bewegung. Zum Beispiel klatscht er ununterbrochen in die Hände. Alle anderen machen es ihm nach. Nach einer Weile beginnt er mit einer neuen Bewegung, vielleicht streicht er sich jetzt über den Bauch. Der Beobachter versucht, herauszubekommen, wer der Taktgeber ist.

Tante Schmidt

Ein Kind ist Tante Schmidt, die zu Besuch kommt. Die anderen Kinder fragen: „Tante Schmidt, was bringst du

mit?" Die Tante antwortet nicht, sondern macht vor, was sie mitgebracht hat, zum Beispiel:
Einen Hampelmann – einen Lutscher – eine kleine Katze – ein Fernrohr.
Wer als erster rät, was dargestellt wird, darf als nächster Tante Schmidt sein.

Das Lieblingsgericht

Alle Kinder sitzen im Kreis. Jeder überlegt, was er am liebsten essen würde. Das Los bestimmt, wer als erster ohne Worte darstellen darf, was er sich vorgestellt hat, zum Beispiel:
Suppe – Spaghetti – Hähnchen – Kirschen.
Wer als erster errät, kommt als nächster an die Reihe.

Alles, nur kein Streichholz

Jeder bekommt ein Streichholz und denkt sich eine kleine Handlung aus, die er mit dem Streichholz vorspielen möchte. Das Streichholz darf dabei alles sein, was lang und dünn ist, nur kein Streichholz, zum Beispiel:
Eine Angel – ein Zahnstocher – ein Bohrer – ein Balken.
Wer als erster erkennt, was das Streichholz darstellt, bestimmt den nächsten Spieler. Es können auch zwei Kinder gemeinsam etwas vorspielen.

Wer mag das sein?

Die Gruppe wird in zwei Mannschaften geteilt, die sich

in zwei Meter Abstand mit den Rücken zueinander in zwei Reihen niederlassen. Der Spielleiter steht zwischen den Reihen und verbindet je einem Kind aus jeder Mannschaft die Augen. Dann führt er sie in die Mitte zwischen die Reihen. Alle anderen drehen sich jetzt um, und schauen zu, wie die beiden Blinden wortlos versuchen, herauszubekommen, wer der Partner ist. Wer das als erster rät, verbindet den nächsten beiden Kindern die Augen.

Mimen und Raten um die Wette

Zwei oder mehr Gruppen ziehen sich in die Ecken des Raumes zurück. Ein Spieler aus jeder Gruppe kommt zum Spielleiter. Der flüstert jedem ein Ratewort als Darstellungsaufgabe ins Ohr. Die Spieler begeben sich zu ihren Gruppen und stellen dort in stummem Spiel das Ratewort dar. Wer von der Gruppe zuerst richtig rät, geht als nächster zum Spielleiter und läßt sich die nächste Aufgabe stellen. Die Gruppe, die zuerst alle Aufgaben (etwa 6 bis 10) gelöst hat, stellt den anderen Gruppen die Aufgaben noch einmal vor. Beim Darstellen darf kein Wort fallen. Raten die Mitglieder der Gruppe nicht, was der Darsteller meint, so muß er immer wieder neue Varianten bringen, um ihnen auf die Sprünge zu helfen. Solche Darstellungsreihen könnten etwa so lauten:
Fahne – Flasche – Stuhl – Ei – Baum – Wasserhahn – Vase – Blume – Uhr – Taschenlampe – Stecknadel – Tisch.

Mimische Aufgaben

Koffer packen

Alle Teilnehmer sitzen im Kreis. In der Mitte steht ein Koffer (real oder nur vorgestellt). Er soll zur Abreise an die See (ins Gebirge, zum Besuch bei der Großmutter, ins Krankenhaus) gepackt werden. Einer packt mimisch etwas ein. Die anderen schauen zu und überlegen, was es sein soll, ohne jedoch zunächst ihre Vermutungen zu äußern. Erst wenn die Darstellung abgeschlossen ist, äußert jeder reihum, was er meint. Wer als erster richtig rät, kommt als nächster an die Reihe. Hat niemand richtig geraten, so nimmt der Darsteller den Gegenstand wieder aus dem Koffer heraus und zeigt ihn im Gebrauch, zieht sich also zum Beispiel das Hemd an, das er einpacken wollte.

Gemüsesuppe kochen

Alle sitzen einem Tisch gegenüber, hinter dem ein Spieler steht. Er mimt: Vor ihm auf dem Tisch steht ein Topf. Er putzt Gemüse und schneidet es hinein. Alle anderen raten, was es sein soll. Der nächste wird auf eine vorher besprochene Art bestimmt. Er tritt an die Stelle des anderen, sobald dessen Gemüse erraten ist. Mimisch können deutlich erkennbar geschnitten werden:
Zwiebeln – Möhren – Kartoffeln – Petersilie – Spargel – Blumenkohl
In ähnlicher Form können weitere Themen dargestellt werden:

- Ein Kleiderschrank wird ein- oder ausgeräumt
- Ein Zimmer wird aufgeräumt
- Zwei oder drei Partner spielen ein Spiel am Tisch: Mensch ärgere dich nicht – Quartett – Mühle – Dame – Schach – Memory
- Arbeit im Garten
- Handwerksarbeit
- Etwas tragen: Tasche – leicht – schwer – groß – klein – Sack – Karton – Koffer – Päckchen – Plastiktasche
- Einkaufen im Supermarkt
- Etwas schieben: Fahrrad – Karre – Kinderwagen – Einkaufswagen – Rasenmäher
- Schularbeiten machen
- Auto waschen.

Mimische Ketten

Alle diese Aufgaben lassen sich auch als Darstellungsketten spielen:
Einige der Mitspieler werden nach draußen geschickt. Einer spielt den Zurückgebliebenen etwas von den beschriebenen mimischen Szenen vor. Dann wird einer hereingerufen, und einer der bisherigen Zuschauer spielt diesem wortlos vor, was er beobachtet hat. Dann wird der nächste hereingerufen und bekommt von seinem Vorgänger vorgespielt, was dieser gesehen hat. Erst der letzte sagt, nachdem er die Szene beobachtet hat, um was es sich seiner Meinung nach handelt. Hat er falsch geraten, spielt einer der ersten Zuschauer die Szene noch einmal so vor, wie er sie in Erinnerung hat.

Elementare Übungen

Die folgenden Spiele, Übungen und einfachen Darstellungsaufgaben können am Beginn, am Schluß der Übungsstunde oder auch zwischendurch als Auflockerung eingesetzt werden. Auch als unabhängige Spielübungen während einzelner Spielstunden sind sie geeignet, weil viele davon spielerischen Eigenreiz besitzen. Die hier gewählte Reihenfolge ist nicht methodisch begründet, sondern stellt einzelne Komplexe zusammenhängend dar. Eine überlegte Abfolge des Einsatzes solcher Übungen sollte für die Kinder immer den Eindruck des Spontanen behalten. Allzu strenge Systematik hemmt die Spielfreude der Kinder.

Bewegungsübungen

Jede Körperbewegung des Menschen drückt aus, wie er sich fühlt, was er beabsichtigt oder wovor er Angst hat. Das kann sehr deutlich zu erkennen sein, aber auch gehemmt, versteckt, gedämpft wirken. Deshalb schult der Spielleiter Bewegungsabläufe der Kinder in spielerischer Form. Er leitet sie an, sich auch durch Beobachtung anderer und durch Selbstbeobachtung Bewegungsausdrücke bewußt zu machen. Es kommt darauf an, Bewegungen in ihrer Unterschiedlichkeit zu erkennen und darzustellen. Dazu gehört: Vormachen und Nachmachen, Beobachten, verbessertes Darstellen bis sprachlicher und darstellerischer Ausdruck zueinander passen. Ungesteuerte, gestörte und gehemmte Kinder finden hierbei Gelegenheit, ihre eigenen Bewegungsabläufe zu erleben, zu erproben und durch spielerische Wiederholung zu verfeinern und zu lockern. Solche Übungen wirken sich sogar positiv auf das Sprechen des Kindes aus. Die Gruppe übt gemeinsam nach den Anweisungen des Spielleiters. Er unterstützt und akzentuiert seine Worte mit einem Rhythmusinstrument.

Gangarten

Die Kinder laufen frei im Raum umher. Der Spielleiter gibt einen Rhythmus vor, dem sich die Laufbewegungen der Kinder immer genauer anpassen sollen. Beim Herumlaufen im Raum dürfen sie sich nicht berühren oder sonst behindern. Es gilt: Jeder bewegt sich immer dahin, wo gerade viel freier Platz ist.

Dieses lockere Gehen wird durch Veränderung der Trommelschläge abgewandelt. Der Rhythmus wird betont verlangsamt und dann wieder beschleunigt. Die Spieler lernen, auf den Rhythmus zu hören und in ein bestimmtes Gehtempo zu fallen. Das sollte nicht exerziermäßig ablaufen, sondern ganz locker und fröhlich.
Der Rythmus kann sich verändern:
Marschieren – Stampfen – Stapfen – Waten – Schlurfen
Im langsamen Bereich fallen die Kinder ins:
Schlendern – Zotteln – Trotteln – Schleichen – Schlurfen – Hinken – Latschen
Zwischenbesprechungen klären die sprachliche und darstellerische Situation.

Auf verschiedenem Boden gehen
Beim nächsten Mal gibt der Spielleiter vor, auf welchem Untergrund sich die Spieler bewegen:
Asphalt – Waldboden – Sand – Geröll – Rasen – Morast

Gehgeschichte

Eine solche Übung kann zu einer „Geh-Geschichte" ausgebaut werden. Der Spielleiter erzählt dazu in das Bewegen der Kinder hinein eine Geschichte, die von den Kindern verschiedene Gangarten fordert:
„Wir gehen auf einer Landstraße.
Wir springen über Pfützen.
Wir legen einen Dauerlauf ein.
Da, eine Schranke. Wir halten an.
Auf einer Koppel galoppiert ein Pferd. Wir machen es nach.
Ein Bach kreuzt unseren Weg. Wir springen hinüber.
Jetzt ein schmaler Pfad im Fichtenwald. Wir reihen uns zum Gänsemarsch ein.
Der Waldboden ist weich und federt. Das Gehen darauf tut den Füßen wohl.
Wieder ein Bach. Er ist viel breiter. Wir bleiben stehen. Glücklicherweise liegt ein Baumstamm darüber. Wir balancieren hinüber.
Vor uns eine sumpfige Wiese. Wir sinken tief ein, mit jedem Schritt tiefer.
Endlich erreichen wir den Waldrand und schütteln den Schlamm von den Füßen.
Viel Laub liegt am Boden. Das Waten durch die Blätter macht Spaß.

Da – uns sind Stückchen von Zweigen in die Schuhe gedrungen. Jeder Schritt schmerzt.
Wir hinken zur Straße.
Dort schütteln wir die Zweigstückchen aus und latschen müde zur Bushaltestelle."

Gehübungen

Während des Ablaufes einer solchen Bewegungsgeschichte beobachtet der Spielleiter die einzelnen Kinder. Manche der Gehübungen werden oberflächlich ausgeführt. Deshalb müssen sie genauer geübt werden: Einzeln oder zu zweit läßt er Kinder durch den Raum gehen, während die anderen beobachten. Die Beobachtungen werden erörtert. Andere Kinder wiederholen den Bewegungsauftrag und versuchen eigne, individuelle Lösungen zu finden.
Solche Aufgaben könnten sein:
- Du gehst zielbewußt zur Schule
- Du hast Zeit und schlenderst an Geschäften vorbei
- Du hast es sehr eilig, bist verspätet
- Du gehst wie ein andrer Mensch: Ein Kleinkind – eine feine Dame – ein alter Mann
- Du hast Gummistiefel an oder Latschen
- Du trägst Turnzeug oder warme Winterkleidung
- Du gehst barfuß über einen Teppich oder über Split.

Gehen und Fallen

Das Fallen üben wir auch, um zu lernen, den ganzen Körper locker in sich zusammenfallen zu lassen. Das darf kein plötzliches Torkeln des Körpers sein, sondern der sackt in sich zusammen und bleibt bis zum Auflösungszeichen unbeweglich entspannt liegen.

Aufstehen

Aus dem entspannten Liegen oder Sitzen aufzustehen, verlangt viel Körperbeherrschung. Es darf kein abruptes Erheben sein, sondern die Körperteile bewegen sich einzeln der Reihe nach, flüssig ineinander übergehend, bis zum Stand. Das üben wir auch nach Zählen und rhythmischen Schlägen.

Bewegungen am Ort

Die Gruppe sitzt im Kreis. Aus dem Sitzen werden die Bewegungen ausgeführt. Es geht darum, die Bewegungen langsam und in sichtbaren Stufen darzustellen. Allzuleicht wirkt eine Bewegung unklar und verwaschen.
Der Spielleiter gibt an:
„Vor euch hängt an einem Baum eine Birne. Ihr habt Mühe, sie zu erreichen. Pflückt sie ab!“
Die Ausführung ist etwa so gedacht: Behutsam nähert sich die ausgestreckte Hand der Birne und umfaßt sie vorsichtig, fast liebevoll. Durch eine leichte Drehung wird sie vom Zweig gelöst und vorsichtig in einen gedachten Korb gelegt.
„Eine Fliege umsummt euch. Ihr wollt sie verscheuchen.“
Der Spielleiter kann dazu ein Geräusch geben, das hörbar macht, wie sich die Fliege nähert und wieder wegfliegt.

„Ihr beobachtet ein Tischtennisspiel. Ich gebe auf der Handtrommel den Spielrhythmus an."
Die Gruppe steht in einem Haufen zusammen. Der Spielleiter erzählt:
„Ein Bulle trottet auf euch zu. Ihr wißt nicht, ob er gefährlich ist und weicht zurück."
Das darf nicht plötzlich geschehen, sondern stufenweise langsam bis schnell.
„Ein Hund bellt euch an. Ihr zwingt ihn durch euren Blick und langsames Vorangehen zum Rückzug."

Erfahrungen mit dem Raum

Hier üben und erproben die Kinder, zielgerichtete Bewegungen durch einen festgelegten Raum mit möglichst wenig Kraft und ohne Störung anderer durchzuführen. Der Spielleiter stellt zum Beispiel folgende Aufgaben:
- Durchquere den Raum mit drei Schritten
- Nun mit fünf Schritten
- Husche in drei Abschnitten von einer Seite zur anderen
- Durchquere den Raum in festgelegter Zeit, in gleichmäßigem Tempo
- Durchmiß den Raum in einer bestimmten Figur: In einer Acht – in einer Spirale – in lauter kleinen Dreiecken
- Halte deine Figuren auch durch, wenn andere gleichzeitig mit anderen Figuren durch den Raum streben, berühre niemanden und behindere auch keinen
- Schließe die Augen, gehe zur anderen Seite hinüber

und bleibe dicht vor der gegenüberliegenden Wand stehen

- Stelle dir vor, auf dem Boden wäre ein Mühlebrett gezeichnet, wandere darauf herum, ohne die Striche zu verlassen
- Geht zu zweit (zu dritt) auf dem Mühlebrett spazieren und weicht euch dabei rechtzeitig aus
- Geht in selbst ausgedachten Figuren durch den Raum: In Zacken – Schlangen – Rösselsprüngen. Folgt dabei dem Rhythmus, den ich dazu schlage.

Solche Bewegungsabläufe entwickeln sich leicht und locker bis zum Tänzerischen. Nichts darf dabei hastig oder verkrampft wirken. Die Ruhe, das Leichte, das Spielerische sollen immer mitschwingen.

Großbewegungen mit Körpergliedern

Hier sollen die Kinder Kleinbewegungen als Großbewegungen ausführen und Großbewegungen als Kleinbewegungen. Der Spielleiter sagt:

„Mit dem ganzen Arm und gestreckten Zeigefinger malen wir einen kleinen Kreis vor uns in die Luft. Immer wieder. Jetzt wird der Kreis größer, immer größer, bis er ganz groß ist. Jetzt wird er langsam wieder kleiner. Immer kleiner, bis er fast nur noch ein Punkt ist."

„Um die linke Schulter als Achse laufen wir auf dem Platz winzig kleine Kreise. Sie werden größer und größer, ohne daß wir jemand berühren. jetzt werden die Kreise wieder kleiner und enden auf der Stelle."

Auf die gleiche Weise werden folgenden Großbewegungen ausgeführt:

Der Kopf beschreibt Kreise, immer größer werdend, immer mehr schrumpfend
Im Liegen beschreibt ein Bein wachsende Kreise
Arme und Beine malen gleichzeitig Kreise, immer größer werdend, immer kleiner, zuerst in gleicher Richtung, dann gegenläufig.

Spannung und Entspannung

Der Wechsel zwischen Spannung und Entspannung ist im Leben und Bewegen grundlegend. Jeder Muskel wechselt in seiner Tätigkeit ständig zwischen Spannung und Entspannung, zwischen Bewegung und Ruhe. In vielen meditativen Methoden ist der überlegte Wechsel zwischen diesen beiden Zuständen ein wichtiges Mittel zur Steuerung seelischer Vorgänge. Dem Kind ist dieser Wechsel und sein Erleben in der Form spielerischer und anschaulich eingekleideter Bewegung angemessen. Das Fehlen der akustischen Sprache bei dieser Übungsform gibt dem Kinde außerdem die Gelegenheit, die Ausdrucksformen des Körpers als „Sprache" zu erleben und einzusetzen.
Spannung bedeutet bei unseren Übungen, daß der Spieler bis zu einem Höhepunkt etwas darstellt, indem er langsam, stufenweise bis zur höchsten Anspannung seines Inneren und seines Körpers sich steigert und darin kurze Zeit verharrt. Entspannung kann rasch erfolgen oder in langsamer Form bis zur völligen Erschlaffung. Es erfordert vom Spieler besondere Übung, sich regungslos und unverkrampft zu geben. der Spielleiter prüft dann, wie locker ein Spieler auf dem Boden liegt.

Er hebt vorsichtig einen Arm oder ein Bein eines Spielers an. Der Körperteil muß völlig spannungslos wieder zurückfallen. Diese Einzelübung betten wir immer wieder in kleine Handlungen ein.

Spannung

Der Spielleiter sagt:
„Greift nach einem Apfel, der hoch über euch an einem Zweig hängt. Ihr könnt ihn nicht erreichen." Hierbei streckt sich der Körper einige Sekunden und greift vergeblich nach dem vorgestellten Apfel. Das wird nach einer kurzen Pause von zehn Sekunden dreimal wiederholt. „Ihr seid ein Samenkorn in der Erde. Ganz langsam entwickelt sich aus euch ein kleiner Keim, er wird größer und kräftiger und bricht durch die Erde. Jetzt bildet ihr einen Stengel, an dem wächst ein Blatt. Die Pflanze wird größer. Sie bildet eine Blüte und bald entsteht langsam eine dicke Frucht." Das ist eine Übung, die den ganzen Menschen vom kleinen Zeh bis zur letzten Fingerspitze beansprucht.

Entspannung

An jede Spannungsübung soll sich eine Entspannungsübung anschließen, zum Beispiel:

Der Brummkreisel

Alle Spieler sind Brummkreisel und kauern zunächst still auf dem Boden. Der Spielleiter drückt mimisch auf die Schultern eines jeden Spielers, um ihn „aufzuziehen". Wer aufgezogen ist, wird ein brummender Kreisel, der sich zu einem Rhythmus immer rascher im Kreise dreht, bis der Rhythmus wieder langsamer wird. Nun wird das Brummen leiser und der Kreisel fängt an zu taumeln, bis er auf den Boden trudelt und entspannt daliegt.

Die Gruppe kann sich ähnliche Spiele mit anderen Dingen ausdenken:

- Ein Tanzpüppchen, dessen Glieder schließlich weich werden
- Ein Radfahrer, der das Treten vergißt und schließlich umfällt
- Ein Autoreifen, dem die Luft ausgeht
- Ein Mast, der vom Wind nach mehreren Anläufen umgestürzt wird.

Solche Darstellungen beanspruchen den ganzen Körper. Sie sollen einen deutlichen Wechsel zwischen Spannung und Entspannung enthalten. Dabei ist zu beachten, daß die Phase der Entspannung leichter darzustellen und durchzuhalten ist als die der Spannung. Deshalb müssen Spannungsphasen kurz sein, damit sich die Kinder nicht verkrampfen, sondern der spielerische Wechsel von ihnen als angenehm empfunden wird. Leichte musikalische oder rhythmische Untermalung – Flöte oder Glockenspiel – unterstützt die einfühlsame Gestaltung der einzelnen Phasen einer Darstellung nach einer Erzählung des Spielleiters, wie in den folgenden Beispielen:

Die Blume

Die Kinder liegen entspannt auf dem Boden. Der Spielleiter beginnt leise und suggestiv zu sprechen, die Kinder spüren seinen Worten nach und bewegen sich dazu:

„Ihr seid Samenkörner. Es ist Winter. Ihr liegt wie tot im dunklen Boden. Schon den ganzen Winter über. Nun kommt der Frühling. Die Sonne scheint. Es regnet. Der Boden wird feucht und weich. Ihr saugt die warme Feuchtigkeit auf. Langsam, ganz langsam schiebt sich aus jedem dunklen Korn ein kleiner spitzer Keim hervor. Er durchstößt die Erde und wächst weiter, immer weiter. Ihr werdet zu langen Stengeln. Noch wärmer scheint die Sonne, und oben an jedem Stengel wächst eine Knospe. Die Knospen werden dicker und dicker. Da, jetzt öffnen sie sich langsam zu wunderschönen Blüten. Ihre hellen freundlichen Gesichter wenden sie zur Sonne hin und folgen ihr auf ihrem Lauf über den Himmel."

Hiermit aber endet die Übung nicht, ein Aufhören wäre zu abrupt. Die Bewegung muß weitergeführt werden von der Spannung zur Entspannung:

„Die Sonne scheint weiter. Kein Regenwölkchen zeigt sich. Die Blumen haben Durst. Immer schlaffer werden die Blütenblätter, die Stengel beugen sich und biegen sich zur Erde. Langsam, ganz langsam verwelken die Blätter. Die Stengel sinken in sich zusammen – liegen da, schlaff und kraftlos. Sie werden wieder zur Erde, aus der sie stammen."

Die Kerze

Die Kinder knien auf dem Fußboden und halten ihre Arme hoch über die Köpfe. Der Spielleiter spricht: „Ihr seid brennende Kerzen. Die Flammen schwingen hin und her. Langsam verbraucht sich das Wachs. Ihr werdet kleiner, langsam kleiner, immer kleiner. Eure Flammen flackern, zucken, werden noch einmal ganz groß und wild. Aber nur einen Augenblick. Nun seid ihr nur noch kleine Stümpfchen. Eure Flammen werden wieder klein, kleiner, immer kleiner, winzig. Da – es flackert noch einmal auf. Dann verlöschen alle eure Flämmchen. Aus."
Eine Weile liegen alle Kinder still und entspannt auf dem Fußboden, merken, wie anstrengend die Darstellung war und wie wohltuend jetzt die Stille und das Ausruhen sind.

Der Reisighaufen

Die Kinder liegen entspannt auf dem Boden. Der Spielleiter beschreibt das Feuer intensiv und unterstützt seine Darstellung an wichtigen Stellen durch Geräusche, die er auf einer Handtrommel erzeugt. Die Kinder bewegen sich passend zu seiner Darstellung:
„Ihr seid die trockenen Zweige eines Reisighaufens. Paßt auf, jetzt zünde ich euch an." Er kratzt über das Fell der Trommel. „Kleine Flämmchen zucken auf, hier eins – dort eins. Sie laufen über die dürren Zweige, werden größer und größer. Sie werden zu Flammenzungen. Sie flackern und prasseln. Immer wilder und

wilder flackert und prasselt das Feuer. Nun wird es zu einer einzigen großen Prasselflamme!"
Zu einem Wirbel auf der Trommel bäumen sich alle Kinder immer wieder auf, bis sie eine einzige große Flamme bilden. Diese Haltung in der höchsten Spannung darf nur ganz kurz durchgehalten werden, dann spricht der Spielleiter weiter:
„Die große Prasselflamme sinkt zusammen. Das Feuer brennt nieder. Klein werden die Flammen, immer kleiner. Nun geht das Feuer langsam aus. Nur noch verkohlte Reste liegen am Boden."
Die Kinder liegen eine Weile völlig entspannt auf dem Boden, bevor sie sich langsam und ruhig erheben und so das Spiel beenden.

Der Luftballon

Die Kinder liegen entspannt am Boden. Der Spielleiter beschreibt:
„Ihr seid Luftballons. Schlapp und leer liegt ihr da. Jetzt blast euch auf. Das kann man hören!" Die Kinder begleiten den Vorgang des Aufblasens mit Mundgeräuschen. „Dicker und dicker werdet ihr. Immer mehr spannt sich die Hülle, jetzt dringt Luft nur noch stoßweise ein: Pfh – pfh – pfh!"
Bei den Kindern entsteht eine starke Spannung, die nur ganz kurz durchgehalten werden kann. Deshalb muß schnell erzählt werden und gemimt, wie die Luft wieder entweicht. Das kann in drei Formen erzählt und, von verschiedenen Mundgeräuschen untermalt, ausgeführt werden. Dabei entstehen jeweils ganz andere Entspannungserlebnisse:

- Die Luft strömt durch ein kleines Löchlein ganz allmählich heraus
- Atemähnlich geht die Luft stoßweise verloren
- Explosionsähnlich entweicht die Luft auf einen Schlag.

Bei allen drei Varianten aber liegen die Kinder nachher entspannt auf dem Boden und spüren ihrem Atem nach.

Sinnestraining

Jeder Ausdruck verlangt zunächst einen Eindruck, ist Antwort darauf. Je intensiver und bewußter ein Eindruckserlebnis war, desto deutlicher und prägnanter wird die Darstellung der Reaktion darauf gelingen. Das heißt aber, es ist nützlich, den Kindern vielfältige Sinneserfahrungen zu vermitteln und bewußt zu machen. Darum werden von Fall zu Fall die fünf Sinne mit lustbetonten, spielerischen Aufgaben angesprochen:

Hören

- *Die Kinder sitzen mit dem Spielleiter zusammen im Kreis. Jeder stimmt der Reihe nach einen Summton an. Die anderen versuchen, diesen Ton möglichst genau zu treffen.*
- *Auf ein Zeichen wird ein solcher Ton von allen gemeinsam bis zur größtmöglichen Lautstärke gesteigert. Auf ein anderes Zeichen hin schwillt er wieder ab. Durch ein drittes Zeichen läßt der Spielleiter oder ein Kind den Ton rhythmisch an- und abschwellen.*
- *Ein Mitspieler summt einen Ton und „wirft" ihn*

einem anderen im Kreis zu. Dieser summt ihn selbst eine Weile, bevor er ihn „weiterwirft".

- *Einer läuft summend außen um den Kreis herum. Sobald er einem einen Schlag auf den Rücken gibt, muß dieser mit demselben Ton weiterlaufen.*
- *Ein Kind verursacht hinter den Rücken der anderen drei verschiedene Geräusche mit seinem Mund. Die anderen versuchen, sie nachzumachen.*
- *Der Spielleiter oder ein Kind flüstert seinem Nachbarn im Sitzkreis ein komisches Wort ins Ohr, das dieser ebenso weitergibt, zum Beispiel Molampumpo.*
- *Hinter den Rücken der Spieler werden Geräusche mit Gegenständen erzeugt, die identifiziert werden sollen:*

  Erbsen – Geldstücke – Bleistifte – Bonbons fallen in einen Topf oder einen Kasten

  Der Fingernagel kratzt über verschiedene Materialien wie Holz – Stein – Papier – Karton – Schmiergelpapier – Papier – Pergament – Wellpappe – Plastik rascheln

  Ein Nagel kratzt über Holz – Glas – Eisen – Stein

  Auf der Tischplatte reibt ein Stein – ein Glas – ein Papierknäuel

  Ein Metallstück schlägt an ein Glas – einen Keramikbecher – eine Dose – ein Holzkästchen.
- *Bestimmten Geräuschen wird eine Bewegung oder eine kleine Handlung zugeordnet. Dazu wird vorher vereinbart, was bestimmte Geräusche bedeuten sollen:*

  Ein Zupfton: Augen schließen und öffnen.

  Ein Schlag auf die Trommel: Aufstehen und sich um sich selber drehen.

Ein Blaston: Die Arme nach oben strecken.
Ein Kratzen auf der Trommel: Dem rechten Nachbarn über das Haar streichen.
Ein Fingerschnipsen: Den Mund dreimal öffnen und wieder schließen.

- *Einige Kinder werden hinausgeschickt. Die anderen sitzen im Kreis. Der Spielleiter gibt einem einen aufgezogenen lauttickenden Küchenwecker, den der in seiner Kleidung verbirgt. Die Hinausgeschickten werden hereingerufen und versuchen, das Ticken zu lokalisieren. Das klappt nur, wenn es beim Suchen sehr leise zugeht.*
- *Alle Kinder sitzen mit geschlossenen Augen eine Minute entspannt auf dem Boden und horchen auf Geräusche, die von außen in den Raum dringen. Anschließend wird über das Hörerlebnis gesprochen. Die Kinder werden staunen, was dabei alles zu hören war.*

Sehen

- *Auf einem Tisch liegen zehn verschiedene Kleingegenstände unter einem Tuch verborgen. Alle stellen sich um den Tisch herum, und dann wird das Tuch für einige Sekunden entfernt. Alle versuchen, möglichst viele der Gegenstände aufzuschreiben. Anschließend beschreibt jeder einen dieser Gegenstände genau.*
  Drei karikierte und vereinfachte Gesichtsskizzen werden zwanzig Sekunden lang gezeigt, dann versucht jeder, eine davon nachzuzeichnen. Zum Schluß

werden gemeinsam die Ergebnisse mit den Vorlagen verglichen.

- *Alle sitzen im Kreis. Einer macht eine einfache Gebärde. Diese wird reihum nachgemacht. Der letzte im Kreis beginnt mit einer anderen Gebärde eine neue Runde.*
- *Einer zieht eine Fratze, die dann im Kreis „herumgereicht" oder kreuz und quer „herumgeworfen" wird. Auf ein Zeichen des Spielleiters wirft der nächste „Werfer" eine neue Fratze.*
- *Einer im Kreis streichelt pantomimisch ein Katze. Sein Nachbar nimmt diese Handlung auf, schmückt sie etwas aus und „gibt" sie weiter.*

Tasten

- *Einem Spieler werden die Augen verbunden und dann verschiedene Dinge zum Fühlen vorgelegt. Er betastet sie und sucht sich dann eins aus, das er beschreiben möchte. Und zwar soll er möglichst genau angeben, wie es sich anfühlt. Zum Beispiel fühlt sich ein Reibeisen rauh an, kleine Spitzen sind zu fühlen, es ist kalt und hat einen glatten Drahtbogen an einer Seite. Knete kann leicht verformt werden. Ein Fell fühlt sich weich an und haarig, ein nasser Schwamm elastisch, naß und matschig.*
- *Das Berühren und Betasten solcher Gegenstände wird von einem Spieler ohne Gegenstand mimisch dargestellt. Die anderen raten, was der Darsteller sich vorstellt.*

- *Einem werden die Augen verbunden. Durch Tasten versucht er, einen anderen zu identifizieren.*

Schmecken und Riechen

- *Den Kindern werden verschiedene Obst- und Gemüsesorten gezeigt. Dann werden einem die Augen verbunden, und er bekommt ein Stückchen von einem Obst oder Gemüse in den Mund gesteckt. Beim Kauen und Schmecken rät er, was es ist. Nachher berichtet er, woran es zu erkennen war. Der Versuch wird von anderen Kindern wiederholt.*
- *Entsprechend werden auch Geruchserfahrungen getestet: Zwiebel – Pfeffer – Paprika – Apfel – Rose – Winteraster – Seife – Parfüm – Desinfektionsmittel – kurz alles, was stark genug riecht, ohne gesundheitsgefährdend zu sein. Einem Spieler werden die Augen verbunden und dann die Riechstoffe vor die Nase gehalten. Die anderen Kinder beobachten seine Reaktionen und gestalten sie mimisch nach.*
- *Ein Spieler mimt Schmecken oder Riechen. Die anderen raten, was er ißt oder woran er riecht.*

Formen und Vorstellen

Die Ausdruckskraft der Hände und Arme beschränkt sich nicht auf das Greifen, Drohen, Bitten und ähnliche Urgebärden. Sie können auch Bilder formen und Gegenstände „vorstellen“:
Eine Vase – einen Krug – eine Schale – einen Topf – eine Tasse – einen Korb. Alle solchen Gegenstände müs-

sen dem Kind vertraut sein, fast „sichtbar“ vor ihm stehen, wenn es damit umgehen soll, ohne daß sie in der Realität vorhanden sind.

Der Ball

Der Spielleiter spricht:
„Wir formen einen Ball. Ihr müßt ihn genau vor euch sehen, sonst könnt ihr ihn nicht richtig halten. Wir fassen ihn mit beiden Händen. Er wird größer, immer größer, kaum können wir ihn noch halten. Nun wird er wieder kleiner, immer kleiner, so klein wie eine Erbse. Paßt auf, er darf nicht verloren gehen. Jetzt wird er endlich wieder größer. Wir schauen ihn genau an, drehen ihn zwischen den Händen. Er ist rot, aus blankem, lackiertem Gummi. Wir drehen und wenden ihn hin und her. Plötzlich wird er gelb, nun blau, grün, schwarz. Seine Oberfläche ändert sich. Sie ist jetzt aus Leder, nun aus Stoff. Prall gefüllt ist er, wird weich und schlaff, ganz leicht, nun aber wird er schwer, ganz schwer, kaum können wir ihn noch tragen. Jetzt wird er wieder leichter, und wir werfen ihn fröhlich hoch, prellen ihn auf den Fußboden, balancieren ihn auf einer Fingerspitze.“

Die Flasche

Der Spielleiter spricht, die Kinder formen die Flasche nach seinen Worten:
„Wir formen eine Flasche. Erst den Hals, dann den dikken Bauch – einmal – noch einmal. Vorsichtig halten wir

sie zwischen den Händen. Der Hals wird länger immer länger, schon überragt er uns. Wir gießen etwas Wasser aus der langen Flasche. Die Flasche wird wieder normal. Wir halten sie mit einer Hand am Hals fest und gießen das Wasser aus. Wir korken sie zu und schütteln sie."

In ähnlicher Weise stellen die Kinder viele Gegenstände dar. Dabei lassen sich gut Ratespielformen einsetzen: Ein Darsteller spielt eine kurze stumme Szene, in der ein Gegenstand des täglichen Gebrauchs die „Hauptrolle" spielt, die anderen raten. Manches eignet sich auch besser als Partnerdarstellung:

Stuhl – Schaukelstuhl – Tisch – Schrank – Lampe – Koffer, leer – Koffer, voll – Korb, klein – Korb, groß – Handtasche – Umhängetasche – Aktentasche – Leiter – Hacke – Kinderwagen – Schiebekarre – Regenschirm.

Gefühlsausdruck

Das Empfinden des Menschen wird zu einem nicht geringen Teil von Situationen, Überraschungsmomenten, spontanen Erlebnissen beeinflußt und gesteuert. Auch im darstellenden Spielen ändert sich Empfinden als Reaktion auf ein Gegenüber oder eine Situation. Der Spieler hat dann ein spezielles, charakteristisches Verhalten darzustellen, das Auskunft über die inneren Empfindungen und ihre Wandlungen gibt.

Dieses Darstellen innerer Befindlichkeiten muß im Spiel oft stärker sein, als es in Wirklichkeit wäre. Nur so können Zuschauer die Gefühle beobachten und nachempfinden. Das heißt aber, vieles, was in Wirklichkeit nur

„innerlich“ abläuft, „äußerlich“ sichtbar zu machen: Angst darf sich also zum Beispiel nicht nur durch schnelleren Puls äußern, sondern muß im Zusammenzucken und „Kleinerwerden“, im Aufreißen der Augen, in einer zitternden Bewegung der Hände sichtbar werden. Das wird Spielern dieser Altersstufe noch schwerfallen. Versuche in dieser Richtung sollten trotzdem gemacht werden, weil das Darstellen von Gefühlen eine der grundlegenden Aufgaben der Spielarbeit überhaupt ist. In der jeweiligen Spielaufgabe können situationsgerechte Gefühlsäußerungen auch von Kindern verstärkt und sichtbar gemacht werden, wenn ihnen die Situation vom Spielleiter eindringlich vor Augen gestellt wird. Das Lernen kann dann mehr technischer Art sein: Wie und wie weit muß das Verhalten, das die Kinder aus eigner Erfahrung und Anschauung kennen, „übertrieben“ werden, damit die Zuschauer es als Gefühlsausdruck erkennen können.

Grundempfindungen

Deutlicher Empfindungsausdruck kann an Grundsituationen geübt werden, die als Elemente vielfältiger Spielsituationen immer wieder auftauchen. Solche Situationen werden besonders herausgestellt, an gezielten Themen ausprobiert und spielerisch damit experimentiert. Über den spielerischen Wert hinaus ist das ein gutes Mittel, Emotionen, denen die Kinder oft viel hilfloser ausgesetzt sind als Erwachsene, zu objektivieren und dadurch beherrschbarer zu machen: Wenn ich Jähzorn spielerisch ausprobiert habe, werde ich mich in der nächsten Situation, wo er mich überkommen möchte, vielleicht ein wenig besser zügeln können.

Solche Grundempfindungen könnten sein: Freude – Mitleid – Mißtrauen – Angst – Entsetzen – Schrecken – Ärger – Empörung.

Jede dieser Grundempfindungen äußert sich in verschiedenen Situationen anders. Es ist also nur möglich, sie in Handlung eingebettet glaubhaft darzustellen:

– Freude:
 Über ein schönes Geschenk
 Über das Wiederfinden von etwas Verlorenem
 Über ein Wiedersehen
 Über eine Zensur
– Mitleid:
 Mit einem kranken Tier
 Mit einem weinenden Kind
 Mit einem Freund, der sich wehgetan hat
 Mit einer alten Frau, die gestürzt ist
– Mißtrauen:
 Gegenüber einem fremden Mann
 Gegenüber den Versprechungen eines Kameraden
 Gegenüber Werbeanpreisungen
– Angst:
 Vor dem Alleinsein in der Wohnung
 Vor unbekannten Geräuschen
 Vor einer dunklen Gestalt
 Im Wald
 Im Keller
 Vor einem großen Hund
– Entsetzen:
 Ein Erdbeben erschüttert das Haus
 Ein fürchterliches Wesen erscheint im Zimmer

Eine Sirene fängt unvermutet in der Nähe an zu heulen

– Schrecken:

Ein plötzlicher Donnerschlag

Ein Schuß

Das plötzliche Auftauchen eines Tieres

Ein gefährlich aussehender Mensch springt hervor

– Ärger:

Über eine Störung

Eine Belästigung

Eine dauernde unnötige Gefährdung

Einen unfreundlichen Brief

Eine falsche Beschuldigung

– Empörung:

Über das ungerechte Urteil eines Freundes – eines Lehrers – der Eltern

Über den Verrat durch einen Freund

Über die unverständliche Anordnung der Schulleitung – der Polizei – der Stadtverwaltung.

Einbettung in eine Handlung

Jede solche Situation verlangt eine konkrete Einkleidung und bedingt dadurch eine ganz besondere gefühlsmäßige Antwort. Solche Antworten werden zunächst „vernünftig“ sein. Das heißt, sie werden aus dem Beobachtungs- und Erfahrungsschatz der Kinder heraus dargestellt. Allmählich und behutsam aber sollte der Spielleiter auf die Darsteller einwirken, sich auch außergewöhnliche, überraschende Antworten einfallen zu lassen, um dem Spielen dadurch Farbe und Witz zu

verleihen. In einem noch weiter fortgeschrittenen Stadium kann als Aufgabe gestellt werden, gegensätzlich zu reagieren. Also zum Beispiel auf eine empörende Zumutung mit fröhlicher Zustimmung.
Solche Empfindungsübungen sind gute Anlässe für eine Spielgruppe, interessante Gespräche zu führen und viel über menschliches Verhalten zu lernen und dadurch ein wenig bewußter das eigne zu steuern.

Begegnung mit einem vorgestellten fantastischen Wesen

Eine umfangreiche Spielaufgabe zur Übung des Gefühlsausdruckes ist der Umgang mit einem nur vorgestellen fantastischen Wesen:
- Eine Hexe, die Böses tun könnte
- Ein Drachen, der Feuer speien kann
- Ein Zwerg, von dem keiner weiß, ob er gut oder böse ist
- Ein Wesen, von dem nur der schreckliche Name bekannt ist.

Beschreibung

Eine solche Übung kann bei wenig geschulten Spielern nur dann klappen, wenn der Spielleiter den Spielern dieses Wesen genau beschreibt oder sie stimuliert, es sich mit deutlichen Eigenschaften vorzustellen. Mit eindringlichen Worten muß er den Kindern klarmachen, daß sie dieses ja für Zuschauer nicht sichtbare Wesen nur dann deutlich und „erkennbar“ darstellen können, wenn sie sich selbst genaue Vorstellungen bilden. Was also müßte von einem solchen Wesen bekannt sein:

- Größe
- Körperform (ist es menschenähnlich oder nicht?)
- Zahl der Augen, Ohren, Arme, Beine, Flügel
- Kann es fliegen oder schwimmen?
- Ist es angenehm anzufassen, oder eklig, glitschig, rauh, kalt?
- Ist es angriffslustig oder gutmütig?
- Ist es bekleidet oder nicht?
- Wovon lebt es?
- Was hat es vor?

Eine Szene wird sich in Schritten entwickeln. Diese müssen auch vereinbart werden:

- Man hört von der Existenz des Wesens
- Man sucht es
- Man findet es
- Es soll gefangen werden
- Es entzieht sich immer wieder durch Flucht oder Zauberei
- Zum Schluß gelingt das Fangen, und das Wesen wird zahm.

Nach solchen Kriterien richten sich auch die Spielmöglichkeiten. Als Regel dabei gilt, daß sich jeder an ein einmal festgelegtes Merkmal zu halten hat. Günstig ist es deshalb, wenn bei der Besprechung die Vereinbarungen groß an die Tafel oder einen Papierbogen an der Wand geschrieben werden.

Eine Szene wird sich auch je nach der Grundstimmung der Spieler verschieden entwickeln:

Angst – Ekel – Freude – Neugier – Leichtsinn – Tapferkeit – Opfermut.

Auch das muß vorher verbindlich festgelegt werden. Das Wesen wird bekämpft, geneckt, gejagt oder man versucht, sich vor ihm zu verstecken. Eine so vorgeplante Szene könnte dann etwa so ablaufen:

Unerwarteter Besuch

Fünf Freunde sitzen am Tisch bei einem Gesellschaftsspiel. Die Tür springt auf. Ein merkwürdiges, unbekanntes Wesen schiebt sich langsam herein. Es tappt unbeholfen in die Mitte des Raumes. Die Spieler können nicht ausweichen. Das Ungetüm bleibt stehen und starrt die Menschen lange und eindringlich an. Dann schüttelt es den Kopf und zieht sich wieder zurück. Wenn es wieder draußen ist, schlägt die Tür mit einem lauten Knall zu. Die Freunde zucken zusammen und lösen sich erst allmählich aus ihrer Erstarrung.

Diese fantastische Situation könnte auf die verschiedenste Weise gespielt werden. Wichtig ist, daß die Spieler klar reagieren und zwar als Gruppe. Nur so kann Glaubwürdigkeit erreicht werden. Dazu müssen sie die Situation deutlich vor sich sehen, um sichtbare spielerische Reaktionen zu zeigen. Diese zu ermöglichen, ist Aufgabe des Spielleiters: Eindringlich und suggestiv, mit farbigen Worten erzählt er, was passiert. Zwischen den Phasen läßt er genug Zeit, damit die Spieler ausdrucksvoll und intensiv reagieren können. Im folgenden wird eine Möglichkeit beschrieben, wie den Spielern so etwas nahegebracht werden kann. Die Erzählung des Spielleiters kann in ihrer Wirkung gesteigert werden, wenn sie durch Instrumente begleitet wird.

Das Ungetüm

(Die möglichen Reaktionen der Spieler stehen in Klammern)

Spielleiter:

Ihr sitzt um den Tisch. Ihr spielt Karten. Was da? Ein Geräusch auf der Treppe.

(Die Spieler lauschen)

Rums, – die Tür fliegt auf!

(Die Spieler wenden sich ärgerlich Richtung Tür)

In der Tür – ein fürchterliches Ungetüm!

(Fassungsloser Schrecken)

Langsam, Schritt für Schritt tappt es auf euch zu ...

(Die Spieler erstarren, klammern sich aneinander)

... bis zur Mitte des Raumes. –

(Einige rutschen unter den Tisch)

Da, es bleibt stehen. – Es schaut sich um. –

Es reißt die Augen fürchterlich auf: Es starrt Ingo an!

(Der bedeckt seine Augen mit den Händen)

Jetzt Hannes!

(Der reagiert ebenso)

Und jetzt Manuela

(Die legt den Kopf auf die Arme)

Da schüttelt es den großen Kopf, dreht sich langsam um – und tappt mit schweren Schritten zur Tür zurück.

(Einige schieben sich unter dem Tisch vor. Andere beugen sich vor und verfolgen das Ungetüm mit den Augen. Noch glauben sie nicht, daß es wieder verschwinden wird)

Jetzt ist es an der Tür. Es dreht sich noch einmal um und starrt in die Runde.

(Einige verschwinden wieder unter dem Tisch, andere senken die Köpfe oder schlagen die Hände vor die Augen)

Jetzt! Jetzt schiebt sich das Ungetüm durch die Tür.

Einer nach dem andern erscheint wieder über dem Tisch, die andern heben die Köpfe)

Horcht! Es tappt langsam, ganz langsam die Treppe hinunter.

(Alle lauschen gespannt in Richtung Tür)

Jetzt klappt die Haustür zu!

(Einige springen auf und drängen zum Fenster)

Das Ungetüm ist fort."

(Alle sind noch ganz benommen. langsam lösen sich die verkrampften Glieder. Allmählich beginnen einige zu sprechen und schließlich reden und gestikulieren alle wild durcheinander. Eine Stimme vom Fenster verkündet: „Es ist wirklich fort!" Alle seufzen erleichtert auf: „Endlich!")

Dieses Thema „Fantastisches Wesen" kann vielfältig variiert werden:

- Eine Riesenratte kommt herein. Ihren Augen sieht man an, daß sie denken kann.
- Das Fenster springt plötzlich auf, herein steigt ein menschenähnliches Wesen mit langen Reißzähnen.
- Die Decke öffnet sich, ein klebriger Nebel senkt sich über die Spieler, verschwindet wieder spurlos.
- Durch die Wand streckt sich der Kopf eines Magiers herein. Er schiebt die Wand wie einen Vorhang auseinander und tritt ein. Nachdem er die Spieler alle scharf fixiert hat, löst er sich in Nebel auf.

In ähnlicher Art können auch abenteuerliche Situationen zur Darstellung von Empfindungsverläufen durchgespielt werden:

- Bedrohung durch ein Wildschwein
- Durch ein Gewitter
- Durch Hochwasser
- Bergbesteigung
- Im Schneesturm verirrt
- Schatzsuche
- Tunnelbohrung
- Im Moor.

Reagieren

Beim darstellenden Spielen nach einer Vorlage weiß der Spieler nach den ersten Erarbeitungsphasen, was auf ihn zukommt. Seine Reaktionen sind vorbedacht, geübt und wiederholbar. Beim Freien Spielen, beim Improvisieren, muß er rasch und richtig auf Veränderungen reagieren, ohne vorauszuwissen, was sich ändern wird und wann die Änderung eintritt. Übungen hierzu entwickelt der Spielleiter aus verschiedenen Ausgangsstellungen heraus, um die Kinder daran zu gewöhnen, in jeder „Lage" angemessen zu reagieren.

Schnelles Reagieren beim Gehen

Die Spieler gehen ohne bestimmte Darstellungsabsicht locker im Raum umher. Auf verschiedene Signale des Spielleiters sollen sie rasch und richtig, aber ohne Hast und Hektik reagieren, um nach kurzer Zeit wieder lokker weiterzugehen. Zum Beispiel ruft der Spielleiter nach einer Weile:

„Ein Bienenschwarm umfliegt euch!"
Alle reagieren individuell darauf, bis der Spielleiter durch ein neutrales, vorher verabredetes Zeichen, etwa durch einen leisen Schlag auf die Handtrommel, die Episode beendet, und die Kinder wieder in das neutrale Gehen verfallen. Etwas später schlägt er vielleicht einen lauten Wirbel auf der Trommel, ohne etwas dazu zu sagen. Darauf soll jedes Kind so reagieren, daß erkennbar wird, wofür es den Wirbel hält: Für ein Gewitter – für ein Erdbeben – Schüsse – Motorengeknatter.
Weitere Beispiele:
- Ein Hubschrauber fliegt niedrig über euch hinweg
- Die Fingernägel erzeugen ein reibendes Geräusch auf der Trommel
- Zur Tür kommt ein riesiger Bär herein
- Ihr merkt bald, daß es nur ein verkleideter Mensch ist
- Die Decke senkt sich auf euch herab.

Schnelles Reagieren im Liegen

Alle liegen locker und entspannt auf dem Rücken. Der Spielleiter wird, das ist vorher verabredet, diesmal nur mit optischen Signalen arbeiten. Dazu muß er so stehen, daß alle ihn gut sehen können. Notfalls stellt er sich auf eine Bank oder einen Tisch, um die optischen Impulse zu geben:
- *Überraschend weist er auf die Tür, verzerrt sein Gesicht vor Schreck und bedeckt dann die Augen mit den Händen. Nach einer Weile gibt er die Pose wieder auf und wartet, bis die Spieler ihre Reaktionen zurücknehmen und sich wieder in die Ausgangslage drehen.*

- *Nun zeigt er direkt auf zwei Spieler und bedeutet ihnen, ganz schnell die Plätze zu wechseln.*
- *Alle sollen sich in panischer Angst im Liegen dicht zusammendrängen.*

Reagieren auf informationsarme Signale

Völlig andere Reaktionsweisen treten auf, wenn sich die optischen Signale auf eine neutrale Form beschränken, ohne daß sie der Spielleiter durch Mimik und Gestik begleitet. Er deutet also zum Beispiel mit dem Zeigefinger oder mit einem Stäbchen an die Decke und dann auf die liegenden Spieler. Diese müssen nun selbst entscheiden, was das bedeuten könnte und wie darauf zu reagieren ist, vielleicht:
- Große Vögel stoßen auf die Spieler herunter
- Die Sonne brennt herab
- Die Sonne geht unter
- Es regnet.

Solche „abstrakten" Zeichen müssen langsam und eindeutig sein, bei Anfängern auch vorher verabredet und geübt werden.

Wortsignale

Alle sitzen entspannt auf dem Boden und hören dem Spielleiter zu, der eine lange, mit vielen Bewegungsaufforderungen gespickte Geschichte erzählt. Immer, wenn ein vorher verabredetes Wort in der Geschichte auftaucht, stehen alle auf und mimen, was in der Erzählung gerade passiert. Durch angemessene Pausen im Er-

zählen gibt der Spielleiter den Kindern Gelegenheit zum Darstellen. Taucht das Wort zum nächsten Mal auf, setzen sich alle ohne Hast aber unverzüglich wieder hin und hören bewegungslos zu, bis das Wort wieder auftritt. Im folgenden Beispiel soll das Signalwort „blau“ sein, mit allen Formen Ableitungen und Zusammensetzungen.

Blau

„Elfi, ist ein kleines, blauäugiges (Kinder stehen auf, Spielleiter erzählt weiter) Mädchen. Sie ist immer fröhlich und zum Tanzen und Springen (Kinder mimen Tanzen und Springen) aufgelegt. Sie wohnt mit ihren Eltern am blauen (Kinder setzen sich wieder nieder – entsprechend wird bei den nächsten „Blauwörtern“ verfahren) Berge. Das ist weit draußen am Stadtrand, wo die bebauten Grundstücke an die weiten Wiesen, Felder, Wälder und blauen Seen grenzen. Elfi steht gerade am Gartentürchen und schaut sehnsüchtig in die Weite. Oben in der Bläue des Himmels sieht sie einen großen Vogel kreisen. Wie gern würde sie das Türchen öffnen und hinauslaufen ganz weit ins Blaue hinein. Traurig wendet sie ihren Blick ab von der Verlockung. Da, was ist da? Was blitzt da bläulich auf? Jetzt erkennt sie es. Vor ihr auf der Zaunlatte sitzt ein kleiner Schmetterling, der klappt die Flügel auf und zu. Immer wenn sie geschlossen nach oben stehen, sieht man ihn kaum, so unscheinbar ist die Unterseite. Wenn er sie aber aufklappt, so leuchtet ein strahlendes Blau auf.“ In dieser Art kann es noch eine ganze Weile weitergehen.

Rhythmisches Bewegen

Alle Spieler gehen nach einem auf der Handtrommel vorgegebenen Rhythmus im Raum umher. Dieser Rhythmus wird auf vielfältige Weise abgewandelt. Die Herumgehenden sollen sich schnell aber harmonisch dem Wechsel anpassen. Vorher vereinbarte, aus dem Rhythmus herausfallende Schläge bedeuten Stillstand, Niedersinken, Bewegen wie eine Gliederpuppe, wie ein Roboter. Diese Haltung ist dann beizubehalten, bis ein einzelner harter Schlag wieder Normalbewegung signalisiert. Diese harten Zwischenschläge lassen sich gut als Ein- und Ausschalter charakterisieren.

Bei diesen Übungsformen sollen die Kinder lernen, das nächste Zeichen zu erwarten und sich körperlich und geistig auf die nächste Reaktionsform vorzubereiten, damit sie weich in sie übergehen können. Eine weitere, vorher vereinbarte Signalfolge, vielleicht leichte Triangelschläge, signalisiert den Kindern, sich in fünf oder zehn gleichartigen Zeitabständen auf den Boden sacken zu lassen und bei der nächsten Signalfolge ebenso wieder aufzustehen, ohne den weiterlaufenden Rhythmus zu unterbrechen. Das verlangt vom Kind, die Bewegungen in gleichmäßige zum Rhythmus passende Elemente zu zerlegen, um nicht zu schnell aber auch nicht zu langsam zu reagieren.

Solche Übungen dürfen nicht als eine Art Dressur angesehen und auch nicht als solche durchgeführt werden. Die Kinder sollen vielmehr lernen, sich ganz bewußt einer Anfangsbewegung hinzugeben, dann ebenso bewußt ein Signal aufzunehmen und darauf mit einer überlegten, passenden Bewegungsänderung harmonisch zu reagieren. Aber auch eine gymnastische Zielsetzung wäre diesen Übungen nicht angemessen. Die Gleichwertigkeit von Signal und Reaktion ist wichtig, ebenso die Angemessenheit der Reaktion. Deshalb darf das Üben körperlich nicht anstrengend sein. Es soll in einer ruhigen und gelockerten Atmosphäre stattfinden und den Kindern Spaß machen.

Verwandeln

Der Spielleiter oder auch ein Kind stellen der Gruppe in raschem Wechsel die Aufgabe, sich in etwas anderes zu verwandeln. Sofort müssen die Spieler umschalten und das Charakteristische der neuen Person oder des neuen Dinges stumm darstellen. Haben alle eine deutliche Darstellung der neuen Aufgabe gefunden, bleibt diese etwa 30 Sekunden stehen, bevor die nächste Aufgabe gestellt wird. Dabei sollen die Aufgaben so ausgewählt werden, daß ein häufiger Wechsel zwischen starker Anspannung und lockerer Darstellung (Spannung und Entspannung) stattfindet, also etwa so: Baum im Wind – Blumentopf – Ball – Hampelmann – Puppe – Wackelpudding – Schüssel – Gespenst – Vogelscheuche – Teppich – Gardine.
Für eine ähnliche Spieldarstellung kann der Spielleiter als Zauberer auftreten und jeden, den er antippt, in einen bestimmten Gegenstand, ein Tier oder eine charakteristische Person verwandeln.

Zusammengesetzte Verwandlungsvorgänge

Aus solchen Übungen entwickeln sich zusammengesetzte Handlungen mit Verwandlungselementen. Der Spielleiter beschreibt:
„Ihr seid ein großer Stein. Der Stein fängt an zu rollen, einen Abhang hinunter, bis er an einem Felsen zerschellt. Begleitet das Spielen mit Geräuschen, die mit dem Mund erzeugt werden können."

„Ihr seid ein Baum. Jetzt weht der Wind. Eure Blätter bewegen sich. Der Wind wird stärker. Die Zweige schlagen hin und her. Der Stamm schwankt. Der Wind wird zum Sturm. Der Stamm biegt sich und die Zweige ächzen. Jetzt legt sich der Sturm, wird wieder zum leisen Säuseln."

„Ihr seid ein Klumpen Teig, weich und geschmeidig. Ihr werdet in einer Pfanne gebraten und werdet ein Pfannkuchen, der sich in der Pfanne bruzelnd hin- und herwälzt. Er wird so übermütig, daß er aus der Pfanne springt und kantipper-kantapper in den Wald läuft."

„Ihr seid Borlo, der Riese. Er reißt Bäume aus, trommelt sich mit den Fäusten auf die Brust, stößt unheimliche Laute aus. Er macht allen Angst, die ihm begegnen."

Hieraus könnte sich sogar eine kleine Szene entwickeln: Nur einer ist Borlo, die anderen haben Angst und weichen bis an die Wand zurück. Da schüttelt sich Borlo fürchterlich, lacht entsetzlich und ruft dann mit natürlicher Stimme: „Was wollt ihr denn, ich bin doch der Michael!"

„Ihr seid kleine Fische im See. Ihr schwimmt lustig hin und her. Da – der große schwarze Fisch schießt heran, mitten unter euch. Rettet euch! Der große dunkle Fisch schwimmt wieder fort, langsam, ganz langsam. Ihr werdet wieder munter, vorsichtig, erst einer, dann noch einer, dann die anderen, schwimmt ihr aus euren Verstecken hervor und schließlich ist alles wieder so, wie es am Anfang war."

Begegnungen

Bei dieser Übungsform sollen die Spieler lernen, sich auf bestimmte Verhaltensweisen anderer Personen in verschiedenen Situationen spielerisch hineinzuversetzen und einzustellen. Es soll erreicht werden, daß zwei Personen von der Sache und von der Situation her in einen Dialog geraten. Ein weiterer Schritt wäre, wenn sich in dieser Situation der Dialog zu einer kleinen Szene entwickelte, wenn es also zu einem sinnvollen oder reizvollen Schluß käme. In dem folgenden Beispiel werden verschiedene Möglichkeiten aufgezeigt:
Die Gruppe sitzt im Halbkreis vor der Spielfläche. Ein Spieler sitzt auf einer Bank und liest Zeitung. Der Spielleiter fordert die anderen Spieler im Halbkreis auf, sich Gedanken darüber zu machen, wie eine Person mit dem Lesenden Kontakt aufnehmen könnte. Einzelne Spieler finden vielleicht folgende Lösungen:
- *Der zweite Spieler geht zur Bank und setzt sich neben den Lesenden. Der läßt sich nicht stören. Der Dazugekommene rutscht bald unruhig auf seinem Sitz herum und versucht verstohlen, mit in der Zei-*

tung zu lesen. Der Leser reagiert unwillig, rückt zur Seite, dreht sich dabei so, daß dem anderen das Mitlesen erschwert wird. Der wird dreister, bis endlich der Leser seine Zeitung zusammenfaltet und sagt: „Sie sollten sich selber eine Zeitung kaufen." Damit steht er auf, klemmt sich seine Zeitung unter den Arm und geht weg.

- *Das Spiel beginnt genauso wie im ersten Beispiel. Nachher gibt der Lesende dem anderen freundlich ein Stück seiner Zeitung ab. Schließlich unterhalten sie sich über einen besonders interessanten Artikel.*
- *Der zweite Spieler wirft dem ersten heimlich kleine Steinchen gegen die Zeitung. Nachdem der Leser erkannt hat, worum es sich bei der Störung handelt, lacht er fröhlich, und beide gehen gemeinsam weg.*
- *Der Leser merkt gar nicht, daß der andere aufdringlich wird, sondern wendet sich nach einer Weile selbst an ihn: „Da ist doch in A. ein Kalb mit zwei Köpfen geboren worden. Hier schauen Sie sich mal das Bild an." Daraus entwickelt sich ein Gespräch über andere aufsehenerregende Mißgeburten. Schließlich springt der Leser auf, schaut auf seine Uhr und hastet davon, nachdem er dem anderen seine Zeitung geschenkt hat.*
- *Der Leser will Kontakt aufnehmen, aber der zweite Spieler will das nicht. Er antwortet einsilbig, bis der Leser seine Zeitung auf die Bank knallt und weggeht. Da grinst der zweite Spieler, nimmt die Zeitung hoch und beginnt zufrieden zu lesen.*

Die Spieler lernen bei diesen Versuchen und bei den anschließenden Gesprächen darüber, sich aufeinander einzustellen, den anderen Gelegenheit zu geben, den

Dialog voranzutreiben. Sie erkennen auch, daß Negatives, aus der Situation fallendes Reagieren das Spiel schnell zusammenbrechen läßt. Sie erkennen, daß der Dialog dann vertieft werden kann, wenn das Gespräch bei einer Sache bleibt und nicht ziellos hin- und herspringt, wenn sich Standpunkte bei den Partnern entwickeln, gleichartige oder auch gegensätzliche. Sie merken, aus dem Dialog kann sich nur dann eine Szene entwickeln, wenn beide daraufhinarbeiten und auf einen Schluß zielen:
Eine überraschende Wendung – eine Übereinkunft – eine gemeinsame Erkenntnis – ein Eklat.
Der Spielleiter oder die Gruppe können die Entwicklung einer solchen Szene auch dadurch beeinflussen, daß für den ersten Spieler genau festgelegt wird, wen er darstellen soll und was er vorhat:

- Eine Hausfrau ist auf dem Wege zum Markt und liest schnell noch die Sonderangebote in der Zeitung.
- Ein Rentner fegt die Straße und findet dabei eine Zeitung. Darüber vergißt er das Fegen.
- Ein Schüler trödelt auf dem Nachhauseweg, findet eine Zeitung und studiert die Witz- und Comicseite.

Hier wird vom ersten Spieler verlangt, sich in Bewegung und Dialog der festgelegten Rollenperson entsprechend zu verhalten. Das führt zu völlig anderem Umgang mit dem doch gleichen Gegenstand, der Zeitung. Das könnte als Einengung aufgefaßt werden, zwingt aber in einen Rahmen und erhöht dadurch die Spielkonzentration. Es führt leichter zu einer gestalteten Szene, als wenn auf eine Typenfestlegung verzichtet wird. Bei geübten Gruppen kann auch die Rolle des zweiten Spielers festgelegt werden.

Weitere Themen, die zu einer Begegnungsszene führen könnten:

- Ein Junge wirft eine Flasche auf den Fußweg
- Eine Frau führt einen kleinen Hund aus
- Ein alter Mann stürzt auf dem Weg hin
- Ein Mann nagelt ein Plakat an
- Jemand sucht nach etwas auf einer Wiese
- Ein junger Mann sitzt im Kaffee und wartet
- Eine Frau bietet am Straßenrand Souvenirs zum Verkauf an
- Ein Angler sitzt am Ufer
- Ein Junge schaut mit seinem Fernglas in die Luft
- Ein Arbeiter gräbt ein tiefes Loch.

Für diese Spielform empfiehlt es sich immer, Variationen auszuprobieren und eine Aussprache anzuschließen. Die Spieler können dabei ihre Spielarten begründen, und die Gruppe hat Gelegenheit, eigne Einfälle vorzutragen und den Spielern Anregungen zu geben. Bei einer solchen Aussprache ergeben sich Erkenntnisse, wie vielfältig eine solche Kontaktaufnahme bei einer Begegnung zweier Menschen ablaufen kann.

Hier als Beispiel, wenn sich zwei Leute im Zugabteil gegenübersitzen:

- Einer fragt den andern etwas
- Einer bittet um etwas
- Einer biedert sich an
- Einer erwidert den Blick den andern
- Einer lächelt dem andern zu
- Einer weist den andern auf eine schöne Landschaft hin
- Einer lobt etwas an der Eisenbahnfahrt
- Einer kritisiert etwas daran.

In diesen Beispielen kann jede Kontakaufnahme zu einer Begegnung für beide Teile werden und zu einer nicht vorhersehbaren Entwicklung führen, so daß auch ungewandte Spieler zum Sprechen und zur Sprache geführt werden. Andere Spieler mit übertriebenem Ausdrucksverhalten können dabei lernen, sich so zurückzunehmen, daß das Spiel wirklich eines von Partnern wird.

Impulse aufnehmen

Bei ungeübten Gruppen versandet das freie Spielen oft. Nach kurzer Zeit stagniert es oder artet in Unordnung aus, wenn von außen keine Hilfen gegeben werden. Erst bei einiger Spielerfahrung gibt es in jeder Gruppe einzelne, die von innen her weiterhelfen können, durch ein Wort, einen Schrei, eine kurze Einzelhandlung. Bis dieses Ziel erreicht ist, müssen Impulse von außen kommen, die das Spielen vorantreiben. Damit die Spieler lernen, solche Impulse aufzunehmen, wird das an einfachen Situationen geubt. Solche Impulse haben nur dann Sinn, wenn sie der spielenden Gruppe genügend Freiheit lassen, selbst weiterzudenken und weiterzuspielen. Sie dürfen also nur die Richtung andeuten, in die das Mimen weitergeführt werden soll, oder eine Überraschung bringen, mit der die Spieler auf ihre eigne Art fertig werden. Also: „Ein verdächtiges Rascheln links neben eurem Weg!" – aber nicht: „Schaut mal alle nach links, dort kommt ein Bär aus dem Gebüsch!"
Ein solcher Impuls kann aus einem kurzen Hinweis bestehen: „Denkt daran, es ist Winter." – aus einer Frage: „Wißt ihr noch, wovor ihr gerade Angst hattet?" – aus

einer Behauptung, die Situation hätte sich in bestimmter Weise geändert: „Es fängt jetzt stark an zu regnen." – einem eignen Eintreten in das Spiel: „Hallo Leute! Da habe ich euch ja noch rechtzeitig eingeholt!" – oder einem passenden Geräusch.

Als handlungsvorantreibenden Impuls könnte der Spielleiter behaupten: „Da, eine Kiste!" Das reicht eine Weile, um die Spieler zu motivieren. Weitere Impulse können klären helfen, wie groß die Kiste ist, ob sie noch ausgebuddelt werden muß. Wenn die Spieler nicht von selbst darauf kommen, veranlaßt ein Impuls, die Kiste zu öffnen. Vielleicht ist sie leer, oder es befindet sich nur ein Brief darin, aber es kann auch ein Schatz sein, oder zu aller Enttäuschung nur stinkende Lumpen.

Der Spielleiter ist der Hauptimpulsgeber, nicht nur bei Anfängergruppen. Er muß diese Impulse aus der Dramaturgie des Spielens heraus geben, um das Spiel in die Richtung zu fördern, die es im Idealfalle von allein genommen hätte. Impulse „gegen den Strich" sind nur zu reinen Trainingszwecken bei geübten Gruppen zu empfehlen. Aber auch hier sollte vorher angesagt werden, daß solche „Kehrtwendungen" zu erwarten sind. Der Spielleiter wird keine Impulse geben, die nur seinem eigenen Denken und seiner Vorstellung entspringen. Er beobachtet aufmerksam, was die Spieler vorhaben aber nicht deutlich genug verwirklichen können. Seine Impulse bilden sich also aus seinem Miterleben und Mitdenken. Sie zielen auf eine bessere psychologische Einfühlung der Spieler in ihre Aufgabe.

Die spielende Gruppe muß lernen, so beweglich zu werden, diese Impulse aufzugreifen und ohne viel Umstände in die ursprüngliche Spielsituation einzuarbeiten.

Auch dazu gehört Übung und Erfahrung aller Beteiligten, besonders die Bereitschaft und Fähigkeit, aufeinander einzugehen, sich nicht vorzudrängen und beim Thema zu bleiben. Das kann in speziellen Übungen trainiert werden.

Darstellen ohne Worte

Mimen einfacher Tätigkeiten

Einfache Tätigkeiten des täglichen Lebens enthalten Grundbewegungen, die ein Kind ausführt, ohne sich darüber bewußt Rechenschaft zu geben.
Damit ein Zuschauer erkennen kann, was bei einem stummen Spielen gemeint ist, müssen solche Grundbewegungen vergrößert und manchmal auch vergröbert dargestellt werden. Das fällt Kindern nicht leicht. Der Spieler muß mit dem Körper, mit dem Auge, mit seiner ganzen Konzentration dabei sein. Auch wenn diese Bewegungen nicht die strengen Anforderungen einer Pantomime erfüllen sollen, was bei Kindern sowieso nur in Ausnahmefällen möglich ist, muß die Darstellung glaubhaft sein, darf sie nicht mechanisch, nicht aufgesetzt wirken. Es muß erkennbar werden, daß der Spieler innerlich dabei ist. Für die Übungen werden zunächst Tätigkeiten ausgewählt, die im täglichen Erfahrungsbereich der Kinder liegen:

Am Morgen

Aufstehen / 1. Variation:
Der Spieler erwacht ausgeschlafen und fröhlich, aktiv gestimmt schlägt er schnell die Decke zurück. Das Zurückschlagen muß deutlich übertrieben werden, sonst können es die Zuschauer nicht erkennen. Der Spieler springt mit einem Satz aus dem Bett.

Aufstehen / 2. Variation:

Der Spieler wacht vom Weckerklingeln auf, obwohl er noch müde ist. Er versucht, sich umzudrehen und weiterzuschlafen, aber nach einer Weile kommt die Mutter und rüttelt ihn wach. Er reagiert unwillig mit abwehrender Handbewegung: „Schon aufstehen? Uah – bin noch müde! Laß mich in Ruhe!“

Im Badezimmer

Hier gibt es eine Fülle von Bewegungsmöglichkeiten, die gut beobachtet und mit eindeutigen Bewegungen dargestellt werden müssen: Zähne putzen – waschen – kämmen – abtrocknen – Nägel reinigen.

Frühstück

Der Spieler setzt sich an den Tisch und löffelt eine Suppe, schmiert sich ein Brot, ißt herzhaft oder lahm, trinkt aus einer Tasse oder einem Glas. Wenn er satt ist, wischt er sich den Mund mit der Serviette ab und faltet sie wieder zusammen.

Aufbruch zur Schule

Der Spieler sucht seine Schultasche, kontrolliert, ob alles darin ist, was er braucht, zieht sich seine Jacke an und hängt die Schultasche um. Dann öffnet er die Tür und geht einige Stufen hinab auf die Straße.

Beobachten und Wiederholen

In allen diesen Darstellungsteilen gibt es Tätigkeiten und Bewegungsabläufe, die von Kindern auf Anhieb nicht klar und deutlich gezeigt werden können, obwohl sie sie täglich ausführen. Deshalb beobachten der Spielleiter und die Gruppe die Versuche einzelner Kinder genau und helfen allein schon durch das Beobachten, die Darstellung zu verfeinern. Wiederholungen und Versuche andrer Kinder führen so allmählich zum Herausfiltern des genauen Bewegungsablaufes. Das darf aber nicht zu einem bloß formalen Training entarten. Besser ist es, wenn die Beobachtungen in Spielform gekleidet werden: Wer einen Fehler entdeckt, klatscht in die Hände und darf ohne Worte die betreffende Passage verbessert wiederholen.
Zum Beispiel Suppe löffeln:
Möglichst genau wird das Löffeln einer Suppe gemimt. Ist es wirklich Suppe oder nicht doch eher ein Brei? Das entscheidet schon über einen Teil der Aufgabe. Aber das

Vorspiel ist ebenso wichtig: Der Spieler riecht an der Suppe – wird sie schmecken? Er greift nach dem Löffel. Wird er damit überhaupt in den Teller langen können, wenn er ihn wie einen Federhalter anpackt? Ja, er umfaßt den Löffelstiel von oben, dreht dann die Hand, bis die Finger unter dem Stiel liegen und der Daumen oben. So taucht er den Löffel seitlich von oben her in den Teller und schöpft ihn mit genauer Bewegung voll. Aber jetzt macht er etwas falsch: Die Mutter wird schimpfen, denn er hat gekleckert. Beim zweiten Versuch klappt es schon besser: Nun führt er den Löffel in den geöffneten Mund, schließt ihn und zieht den Löffel leer wieder heraus, um ihn erneut in den Brei zu tauchen. Schade, er hat das Schlucken vergessen und die Zuschauer amüsieren sich, wenn er jetzt den Mund öffnet, weil ihm der Brei herausläuft.

Um solche genauen Bewegungen ausführen zu können und zu erkennen, worauf es ankommt, führen nach einigen mimischen Versuchen Kinder die Bewegung mit dem Gegenstand vor. Das führt meist zu einem fruchtbaren Aha-Erlebnis bei den Zuschauern und auch bei den ausführenden Kindern.

So wie das Suppe-Löffeln können viele weitere Tätigkeiten geübt werden:

- Papier zusammenknüllen und in den Papierkorb werfen
- Mit einem Füller schreiben
- Faden in die Nähnadel fädeln
- Mit dem Hammer einen Nagel einschlagen
- Papier schneiden
- Schuhe putzen
- Fußboden fegen

- Betten machen
- Staubsaugen
- Brief öffnen und lesen
- Bonbon auswickeln und in den Mund stecken
- Eis kaufen und lecken
- Frucht schälen und essen
- Eine Tasche öffnen und etwas herausnehmen.

Darstellen von Dingen

Durch die Spieler

Bei frei improvisierten Szenen werden oft Dinge und Bauten benötigt, die real nicht verfügbar sind. Diese Dinge lassen sich mit dem Körper eines Spielers darstellen. Das muß im Spielverlauf rasch und wie selbstverständlich geschehen. Deshalb werden zuweilen Übungen eingeschaltet, um auszuprobieren, wie Gegenstände, Bauten oder Pflanzen dargestellt werden können. Zunächst sollen das Dinge sein, die keine bestimmte Funktion haben, sondern nur so da sind, zum Beispiel: >

- Um einen Stein darzustellen, lassen sich ein oder zwei Kinder zu Boden fallen und kauern sich zu einem Stein zusammen.
- Als Bäume stehen Kinder steif da mit gedrehten oder hängenden Armen und zeigen den Charakter eines bestimmten Baumes: Alt und knorrig, schlank und hoch, dick und niedrig. Bei dieser Haltung müssen sie locker bleiben, damit sie es längere Zeit unverkrampft aushalten können.
- Schwieriger sind Gegenstände, die im Spiel benötigt werden, zum Beispiel eine Trinkschale: Hier kniet sich ein Kind hin und formt mit seinen Händen diese Schale. Dabei richtet es sein Gesicht ausdruckslos auf seine Hände. Will nun ein anderer Spieler trinken und ergreift dazu die Schale, so muß es ohne „Eigensinn“ den Händen des Trinkenden folgen.
- Auf ähnliche Weise lassen sich viele Gegenstände des täglichen Bedarfs darstellen: Vasen – Schüsseln –

Stehlampen – Kleiderständer – Türen – Fenster – Schränke – Uhren – Wasserhähne.
- Noch wirkungsvoller ist es in manchen Fällen, wenn dazu mit dem Mund Geräusche gemacht werden: Eine Tür quietscht – die Uhr tickt – das Wasser sprudelt aus dem Hahn.

Für improvisierte Szenen reichen solche Darstellungen immer aus. Neben den formalen Übungen bietet sich auch die Form des Ratespiels an: Zwei Spieler verabreden, welchen Gegenstand der eine darstellen soll, während der andere mit diesem Gegenstand umgeht. Die Gruppe rät, was dargestellt wird.

Eine Grenze muß bei solchen Übungen und Darstellungen beachtet werden: Die Kinder dürfen keinen körperlichen Dauerbelastungen ausgesetzt werden. Zum Beispiel sollte durch ein Kind kein Stuhl dargestellt werden, auf den sich ein anderer Spieler setzt, keine Leiter, die erklettert werden muß, keine Schubkarre, mit der etwas transportiert werden soll. Sind solche Darstellungen nötig, wird der Umgang mit dem nicht vorhandenen Ding lediglich gemimt.

Lebende Bilder

Ähnlich, wie die eben beschriebenen Einzeldarstellungen von Gegenständen, lassen sich durch Gruppen gemeinsam größere Objekte darstellen. Dazu wird verabredet, nicht darüber zu reden. Die Spieler sollen dabei lernen, sich durch Zeichen zu verständigen. Sobald das Objekt fertig aufgebaut ist, tritt es für kurze Zeit in Funktion:

Der Brunnen

Drei Spieler legen sich sternförmig mit den Füßen nach innen auf den Rücken, Sie richten sich zum Sitzen auf, lassen aber die Beine dabei gestreckt und stützen sich mit der linken Hand nach außen ab. Die rechten Arme strecken alle drei zur Mitte hin und formen mit den Händen kleine Schalen. Dann treten drei weitere Spieler als Wasserspeier in die Mitte zwischen die Sitzenden. Sie drehen sich nach außen, halten die Hände als Röhren an den Mund, als ob sie Wasser in die ihnen entgegengehaltenen Schalen spritzen.

Eine andere Möglichkeit sähe etwa so aus: Ein Spieler stellt sich in die Mitte, hebt die Oberarme halb hoch und läßt die Unterarme schlaff herabhängen. Um ihn herum knien sich fünf weitere Spieler mit nach innen gebeugten Oberkörpern, wobei sie sich reihum die Arme um die Schultern legen und so eine flache Brunnenschale bilden.

Als selbständige Gestaltungsaufgabe können jeweils fünf oder sechs Spieler gemeinsam eine originelle Form ausprobieren, die sie dann den anderen vorführen. Das gibt anschließend einen Anstoß zu einer gemeinsamen Besprechung. Die Lösungen werden nachher von anderen Spielern noch einmal gestellt. Zum Schluß wird von der ganzen Gruppe das Thema gemeinsam dargestellt. Das ist schwerer als in der Kleingruppe, weil mehr Fantasie dazugehört, so viele Einzelheiten zu finden, die sich sinnvoll in die Gestaltung einpassen.

Das Schiff

Das ist eine Gestaltungsaufgabe, die sich besonders für die ganze Gruppe eignet, weil wirklich viele Einzelheiten darzustellen sind. *Zunächst legen sich einige Spieler lang ausgestreckt in einem Oval auf den Boden und markieren die Reling des Schiffes. Ein weiterer Spieler tritt in die Mitte und reckt einen Arm hoch: Der Mast. Dahinter kniet sich als Steuerruder ein Spieler, mit dem Gesicht nach hinten, der die Arme schräg nach oben streckt. Diese faßt der Steuermann als Speichen an. Hinter das Schiff legen sich zwei Spieler auf den Bauch mit den Füßen zum Schiff hin, ihre Arme bilden die Schiffschraube. Vor den Mast stellt sich jemand als Sirene, indem er einen Arm über den Kopf legt. Der Kapitän stellt sich daneben und schaut durch das Fernglas, das er aus seinen Händen bildet.*

Nun geht die Fahrt los. Der Kapitän betätigt die Sirene. Dieser Spieler stößt laute Heultöne aus. Der Steuermann bewegt das Steuerruder. Die Schiffschraube bewegt sich, indem die Darsteller mit den Händen auf den Boden schlagen. Der Kapitän ruft „halbe Kraft voraus". Die Schraubenspieler schlagen lauter und heftiger. Nach dem Kommande „volle Kraft voraus" beginnen auch die Spieler, die die Reling bilden, in raschem Rhythmus zu klopfen. Der Steuermann, der Mast, der Kapitän und die Sirene stampfen auf den Boden. Nach einer Weile nimmt der Kapitän das Tempo schrittweise wieder zurück, bis die Maschine wieder stillsteht.

Der Ablauf einer solchen komplizierten Szene wird vor Beginn allgemein durchgesprochen. Das ist besonders dann nötig, wenn der Schiffsdarstellung noch eine Handlung hinzugefügt wird, wie im folgenden Beispiel:

Schlauchboot

Zu Beginn der nächsten Spielstunde schlägt ein Kind vor, ein Schlauchboot zu spielen. Der Spielleiter nimmt die Anregung auf und stellt folgende Aufgabe:
„Stellt ein Schlauchboot dar und erfindet dazu eine kurze Handlung. Alle Spieler sollen beteiligt sein. Außer ein paar Zurufen und Kommandos ist das Sprechen untersagt."
Die Kinder beraten Lösungsmöglichkeiten und kommen zu einem Ergebnis: Es dürfen nicht alle das Schlauchboot darstellen. Es müssen auch Personen übrigbleiben, die nachher die Handlung in Gang bringen. Also legen sich nur acht Kinder auf den Boden und stellen mit ihren Körpern die Form eines Schlauchbootes dar:
Je drei bilden die Seiten des Bootes, je eins legt sich quer dazu als vordere und hintere Begrenzung. Ein für den Spielleiter verblüffender Einfall folgt: Vorn und hinten legt sich je ein weiteres Kind als „Aufblasventil" hin. Zwei weitere Spieler beginnen sofort, das Boot aufzublasen. Jeder schwenkt den Arm eines Ventil-Spielers als Pumpe rhythmisch auf und ab. Die Ventile stoßen dazu zischende Geräusche aus. Die Bootspieler, die bisher ruhig auf dem Rücken gelegen haben, beginnen zu reagieren. Sie wälzen sich, sie strecken sich, recken die Arme, krümmen die Rücken, wölben die Arme vor dem Körper. Allmählich rollen sie sich auf die Seite. Das

Boot wird dadurch größer, es füllt und rundet sich. Das Schlauchboot ist aufgeblasen.
Als zweiter Teil der Aufgabe folgt die kleine Handlung: Die Pumper springen in das Boot und beginnen zu paddeln. Beim Eintauchen der Paddel stoßen sie im Takt Schnalzlaute aus als Wassergeräusche. Nun sollte etwas Neues kommen, aber die beiden rudern unverdrossen weiter. Es wird deutlich langweilig. Der Spielleiter muß einen Impuls geben: „Das Boot rammt einen Unterwasserfelsen. Der Boden reißt auf, Wasser dringt ein!“ Die Gruppe nimmt den Impuls begeistert auf. Einer schreit: „Loch imBoot! Hilfe, wir sinken!“. Die Boot-Darsteller beginnen zu zucken, in sich zusammenzusacken. Das Boot zerfällt in seine Teile. Einer der Paddler schreit: „Rette sich, wer kann!“ Alle, auch die Bootsdarsteller, verhalten sich wie Schiffbrüchige. Schwimmend und treibend versuchen sie, das rettende Ufer zu erreichen. Das wird ausgiebig genossen, verzweifeltes Schwimmen wird gemimt, Begrabenwerden von Wellen, Kämpfen in der Brandung, Hilfeschreie, Treibenlassen, Helfen. Schließlich haben alle das Ufer erreicht und lassen sich ermattet zu Boden fallen. Ein neuer Impuls des Spielleiters treibt die Handlung voran: „Ein Mann treibt noch in der Brandung. Gleich wird er versinken!“ Einer mimt sofort diesen Mann, die andern organisieren sich als Rettungsmannschaft. Kommandos ertönen: „Vorsichtig an Land ziehen. Notarztwagen rufen! Wiederbelebungsversuche machen!“ Zwei Spieler führen diese Wiederbelebungsversuche durch. Der Halbertrunkene mimt langsames Ins-Leben-Zurückkehren. Große Freude bei allen Beteiligten.

Auf ähnliche Weise wie das Schiff lassen sich als lebendige Bilder viele Situationen darstellen:

- Eine Fahrt mit der Straßenbahn
- Im Omnibus oder in der Eisenbahn
- Ein Flug im Freiballon oder im Düsenjet
- Ein Karusell auf dem Schützenfest.

Maschinen

Die Bewegung des Greifarmes einer Maschine setzt den Betrachter in Erstaunen, weil sie einerseits der Bewegung eines menschlichen Armes gleicht, andererseits aber genau abgezirkelt und exakt ist, dazu völlig gleichartig wiederholbar. Die Nachahmung solcher maschineller Bewegungen läßt den Menschen etwas von den Gesetzen bewußt erkennen, denen seine eigenen Bewegungen folgen, während er sonst meist unbewußt greift, winkt, wischt oder mit der Faust auf den Tisch schlägt: Das Bewußtsein richtet sich auf das Ziel der Bewegung, nicht auf die Durchführung und die Tätigkeit der Muskeln. In diesem bewußten Nachvollziehen der mechanisch abgezirkelten Bewegungsfolgen liegt der Hauptwert der folgenden Übungen. Das Zusammenspiel mit einem oder mehreren anderen hilft dabei, die Bewegungen wirklich exakt, roboterhaft auszuführen, weil sonst die Koordination mit dem Partner kaum zu schaffen ist:

Poliermaschine

Zwei Spieler knien oder sitzen sich gegenüber. Sie stellen jeder eine der beiden Seiten einer automatischen Po-

liermaschine dar. Zwischen ihren ausgestreckten Armen ist das Werkstück zu denken, über dessen Form und Größe sich die Partner zuerst einig werden müssen. Dann setzt ein Rhythmus ein, von dem Spielleiter oder einem anderen Spieler auf der Handtrommel geschlagen. Die beiden Spieler versuchen, spiegelbildlich die gleichen Bewegungen auszuführen, das Werkstück zu polieren.

Bis das klappt, muß eine ganze Weile experimentiert werden. Kreisende Bewegungen oder Hinundher erfordern unterschiedliche Rhythmen, das Verändern der Höhe der Polierscheiben (Hände) muß koordiniert werden. Obwohl das Ergebnis der Arbeit etwas Blankes, Glattes sein soll, müssen die Bewegungen abgehackt, roboterhaft ausgeführt werden. In dieser Form werden die einzelnen Elemente des Bearbeitungsvorganges geübt, ausprobiert, verbessert. Dabei ist es nützlich, immer drei Spieler zusammenarbeiten zu lassen, von denen wechselnd jeweils einer die anderen beobachtet, korrigiert und verbessert.

Die Aufgabe wird immer komplexer. Das Werkstück soll zuerst in die Maschine eingeführt werden. Es wird festgelegt, grob geschliffen, fein geschliffen, poliert und zum Schluß geputzt, dann aus der Halterung gelöst und aus der Maschine hinausbefördert.

Der Gesamtablauf könnte dann etwa so aussehen:

Die Maschine ist abgestellt. Beide Partner hocken sich bewegungslos mit herunterhängenden Armen gegenüber. Ein Trommelschlag schaltet den Strom ein. Die Arme werden ruckartig hochgehoben, bis sich die abgewinkelten Hände in Brusthöhe in einigen Zentimeter Abstand einander gegenüber befinden. Das Schleifen kann beginnen. Zuerst werden mit den Händen größere Schleifbewegungen an der Oberfläche des gedachten Werkstückes ausgeführt, abwechselnd kreisförmig und hin und her, dann immer feinere. Dazu erzeugen die Spieler mit dem Mund passende Arbeitsgeräusche, die von Arbeitsgang zu Arbeitsgang immer weicher, zischender werden. Der letzte Poliervorgang, der nur noch über die Fläche wischt, wird von rhythmischem Pusten begleitet.

Weitere Maschinen, die nach demselben Prinzip von Partnern dargestellt werden können: Eine automatische Sägemaschine – eine Formpresse – eine Verpackungsmaschine – ein Gabelstapler.

Füll- und Verschließmaschine

Bei diesem Beispiel wirken ebenfalls zwei Spieler zusammen. Im Gegensatz zu dem vorigen führen sie hier aber unterschiedliche Bewegungen aus. Ein Maschinenteil ergreift den Behälter (Flasche, Karton, Glasgefäß, Becher), füllt ihn und reicht ihn an den anderen weiter. Der verschließt den Behälter und stellt ihn seitlich ab.

Vorübungen und späterer Gesamtablauf werden genauso durchgeführt wie oben. Schwieriger ist hier nur die Koordination der beiden Partner. Es ist noch wichtiger, genau den vorgegebenen Rhythmus einzuhalten, weil sonst das Weitergeben und Übernehmen nicht klappt. Hat sich die Bewegungsfolge eingeschliffen, so wird der Rhythmus beschleunigt und wieder verlangsamt bis hin zum Stillstand. Auch können durch den

Rhythmus Störungen in den Ablauf eingebaut werden, die den Bewegungsablauf unterbrechen.

Transferstraße

Aus dem Beispiel der Füll- und Verschlußmaschine wird eine Transferstraße, wenn weitere maschinelle Arbeitsgänge hinzugefügt werden:

- *Vor den Füllapparat tritt ein Greifer, der das Gefäß zum Füllen hinreicht*
- *Nach dem Verschließen übernimmt ein anderer Greifer den Gegenstand und übergibt ihn einer Etikettiermaschine.*

Eine solche zusammengesetzte Maschine wird nach und nach aufgebaut:
Alle Spieler, die noch keine Funktion haben, sitzen der Maschine gegenüber und überlegen, wo und als was sie sich einfügen könnten. Auch hier sollten wieder Geschwindigkeitsänderungen durch den Rhythmusgeber eingebaut werden, sobald sich die Bewegungen aufeinander eingespielt haben. Andere Rhythmusinstrumente Triangel, Kastagnetten, Rassel oder Becken können zur Untermalung einzelner Arbeitsgänge eingesetzt werden. Ebenso begleiten die Spieler ihre Bewegungen durch selbsterzeugte Geräusche wie Stampfen, Pfeifen, Zischen, Kreischen oder Heulen.
Eine solche komplexe Maschine braucht nichts mit der Wirklichkeit zu tun zu haben. Das Ineinandergreifen von verschiedenen Bewegungsabläufen nach einem vorgegebenen Rhythmus verselbständigt sich nach einer Weile. Es macht Spaß, gleichgültig ob die Vorstellung

von einer realen Maschine noch vorhanden ist oder nicht. Beim nächsten Versuch lassen die Kinder ihre Fantasie spielen und bringen ganz ohne realen Bezug eine Supermaschine in Gang.

Improvisierte Handlungsabläufe

Ähnlich wie bei den Aufgaben „Lebende Bilder“ und „Maschinen“ sollen die Spieler hier als Gruppe einen Handlungsablauf gemeinsam darstellen und das Wesentliche erfassen. Nach der ganz allgemein gehaltenen Aufgabenstellung verständigen sich die Spieler mit Gesten und knappen Worten, wie sie die Darstellung beginnen wollen. In diesen Absprachen sollte nicht alles vorher festgelegt werden. Ideal wäre es, wenn sich die Gruppe ohne jede Absprache zu der Situation gruppiert, indem einer einen spontanen Einfall verwirklicht und sich die anderen davon inspirieren lassen, sich als Element einzufügen. Das macht gerade den besonderen Reiz dieser Spielform aus, wie die Beispiele zeigen:

Tankstelle

Die Gruppe besteht für diese Aufgabe aus acht Spielern. Nachdem die Aufgabe gestellt ist, könnte sich die Darstellung etwa so entwickeln:
Die Spieler sitzen in lockerer Gruppe neben der Spielfläche oder gehen langsam darauf herum. Sie denken nach und warten darauf, daß einer den ersten Anstoß zum Spielen gibt. Nach einer Weile postiert sich ein Spieler in der Mitte der Spielfläche. Er richtet sich steif

auf und legt einen Arm schlaff über seinen Kopf. „Ich bin die Tanksäule", verkündet er. Damit ist allen klar, der über den Kopf gelegte Arm stellt den Schlauch mit der Zapfpistole dar. Diese erste Festlegung bedeutet für die anderen den Kristallisationspunkt, um den sich die Situation aufbauen kann. Ein zweiter Spieler hockt sich neben den ersten und sagt: „Ich bin der tragbare Druckluftbehälter." Ein dritter: „Ich bin der Tankwart." Der vierte will den Autofahrer mimen, der gerade tankt. Er fordert drei Spieler auf, sein Auto darzustellen: Zwei von ihnen bilden den Rückenteil, vorn steht der dritte und stützt seine Arme in die Hüften. das ist das Lenkrad. Der Fahrer stellt sich zwischen die Autodarsteller und packt den Lenker an. Der nächste Spieler stellt sich dicht seitlich neben den Lenkraddarsteller und verkündet, daß er der Scheibenwischer sei. Dabei hält er einen gebeugten Arm vor die Brust des anderen. Diese Aufstellung bleibt etwa 30 Sekunden stumm und starr stehen. Dann beginnt auf ein Zeichen des Spielleiters die Aktion:

Der Autofahrer steigt aus. Er tritt zur Tanksäule, nimmt den Schlauch und führt ihn in den Einfüllstutzen, den einer der Hintenstehenden mit dem Arm darstellt. Die Tanksäule beginnt zu surren und das Benzin läuft in den Tank, was von dem Autofahrer durch Zischen angedeutet wird. Die Tanksäule knackt, und der Autofahrer legt den Schlauch wieder zurück. Nun wird der Luftdruck der Reifen geprüft. Der Spieler zieht den Luftdruckbehälter heran, nimmt einen Arm als Schlauch und hält ihn nacheinander an die Füße der Autospieler. Alle Spieler geben beim Einpressen der Luft Zischgeräusche von sich. Der Tankwart merkt, daß die Scheiben ver-

schmutzt sind. Er klappt den Scheibenwischer weg und säubert die Frontscheibe. Dann klappt er den Scheibenwischer wieder zurück und probiert ihn aus, indem er in das Auto greift und dort den Hebel bewegt. Der Arm des Scheibenwischers schwenkt ein paarmal vor dem Gesicht des Lenkraddarstellers hin und her. Tankwart und Fahrer gehen zur Kasse, wo sie das Bezahlen und Inempfangnehmen mimen. Der Autofahrer steigt ein und fährt unter Gebrumm aller Beteiligten ab.

Während des Spielablaufs kann der Spielleiter auf ein verabredetes Signal alle Bewegungen in der augenblicklichen Haltung einfrieren lassen. Zum Beispiel bleibt die Wischerhand genau vor dem Gesicht des Lenkerdarstellers stehen. Alle verharren so lange unbeweglich, bis der Spielleiter durch ein neues Zeichen das Bewegen freigibt.

In einer Nachbesprechung ergänzen die anderen Gruppenmitglieder, die nur zugeschaut haben, vergessene Einzelheiten, zum Beispiel fehlte das Öffnen und Schließen des Tankdeckels und das Abschrauben des Ventilverschlusses. Der Autofahrer hat beim Tanken das Zählwerk nicht beobachtet und auch das Geld in der Hand gehabt, ohne es aus der Tasche zu holen.

Fußwegbau

In einem kurzen Vorgespräch werden mögliche Geräte, Maschinen und Funktionen festgelegt: Steinsetzer – Schubkarre – Ramme – Sandschipper. Ebenso wird der Verlauf des Weges angegeben, besprochen, wo sich die Steinsetzer hinhocken, der Sand geschippt werden soll,

wohin die Karre geschoben wird. Ein besonderes Problem ist die Ramme. Sie kann so dargestellt werden: Ein Spieler ist die Maschine. Er stellt sich steif mit fest angewinkelten Ellenbogen vor einen zweiten Spieler. Dieser greift fest unter die Ellenbogen des anderen. Auf einen leichten Druck nach oben springt der Spieler der Ramme steif und mit geschlossenen Füßen hoch. Dabei saugt er beim Hochspringen deutlich hörbar die Luft ein und stößt sie aus, sobald er den Boden wieder berührt. Der andere als Rammenführer schiebt ihn beim Springen langsam nach vorn, bis der ganze Straßenabschnitt bearbeitet ist. Während die Preßluftramme arbeitet, schauen die anderen Arbeiter zu. Einer stützt sich auf seine Schaufel, der Schubkarrenfahrer stellt ein Bein auf den Rand seiner Karre, die Steinsetzer beobachten das Vorwärtsstampfen der Ramme auf Knien.
Weitere mögliche Themen für Gruppendarstellungen dieser Art sind:
- Im Kaufhaus
- In der Bahnhofshalle
- Am Bankschalter
- Beim Hausbau
- Auf dem Sportplatz.

In den obigen Beispielen ist zuerst der statische Aufbau durch eine Gruppe beschrieben, dem die stummen Elemente der Handlungsentwicklung folgen. Solche stummen Bilder können selbstverständlich auch durch Dialoge bereichert werden, die den Funktionsablauf zur Szene erweitern.

Tiere und Pflanzen

TIERE

Tiere werden von den Kindern auch im freien Spielen gern dargestellt. Spontan versuchen die meisten Kinder dabei, auf allen Vieren zu laufen, weil Tiere in der Regel vier Beine haben. Für den Menschen ist es aber kaum möglich, auf allen Vieren ein anderes Lebewesen charakteristisch zu imitieren, weil er ja eben ein Zweibeiner ist. Erst wenn den Kindern das einsichtig gemacht worden ist, werden sie versuchen, das Wesentliche und Charakteristische eines Tieres in Haltung und Bewegung darzustellen, ohne auf dem Boden herumzukrabbeln. Der Spielleiter kann die Kinder das selbst erkennen lassen. Sie können einen Storch charakteristisch darstellen, ebenso einen Affen oder ein Känguruh, aber Hund, Katze und Kuh sind als Vierbeiner bei ihnen kaum zu unterscheiden. Die Aufgabe lautet dann, Katze und Hund auf zwei Beinen darzustellen. Und siehe da, diesmal können alle Zuschauer sehr leicht den Hund von der Katze unterscheiden und die Kuh vom Pferd. Hier könnte sich dann ein altbekanntes Kinderspiel anschließen:

Ein Kind springt in die Mitte, zieht seinen Schuh aus, klopft damit auf den Boden und ruft: „Ihr sollt alle Affen sein!" Alle anderen Kinder tollen daraufhin als Affen herum, bis das erste Kind wieder mit dem Schuh auf den Boden klopft. Nun erstarren alle Affen in der Stellung, die sie gerade eingenommen hatten, als das Klopfen ertönte. Das erste Kind schaut sich alle Affenposen

an und sucht das Kind heraus, das den Affen nach seiner Meinung am besten dargestellt hat.
Dieses Kind darf nun bestimmen, welches Tier die anderen darstellen sollen, vielleicht eine Giraffe: Viele Kinder sind nicht in der Lage, eine Giraffe typisch darzustellen. Das eine oder andere aber wird einen Arm schräg nach oben strecken, mit der Hand einen kleinen Kopf formen und sich mit staksigen Beinen vorwärtsbewegen, wobei es den hochgestreckten Arm vor und zurück schwingen läßt. Ein solches Kind wird dann „Sieger“ in der Giraffenrunde, und der Spielleiter bittet es, seine Darstellung für die anderen Kinder zu wiederholen. Dann aber kommt die Überraschung für die Kinder. Der Spielleiter bittet noch ein Kind, seine Giraffendarstellung zu zeigen. Es reckt seinen Hinterkopf steif nach oben, kneift die Lippen zusammen, wobei es die Unterlippe etwas vorsteckt, die Augen starren nach vorn: Es hat den „Gesichtsausdruck“ der Giraffe dargestellt.
Solche Unterbrechungen sind bei diesem Spiel hilfreich und instruktiv. Nach einer Weile kann ein Ratespiel angeschlossen werden, weil die Kinder gemerkt haben, worauf es ankommt. Jedes Kind wählt sich ein Tier aus, das es den anderen zum Raten vorspielen will.

Das Tier führt eine Handlung aus

Bei der nächsten Stufe vollführt das Tier eine bestimmte Handlung, die mitgeraten wird:
- Der Storch fängt einen Frosch und fliegt damit in sein Nest.

- Der Fuchs sitzt geduldig vor einem Mauseloch und springt erst zu, als das Mäuschen herausschaut, frißt es auf und schnürt dann weiter.
- Der Hamster füllt seine Backen und rennt dann in seinen Bau.
- Das Reh grast friedlich, hört dann etwas, sichert und rennt davon.

Schwieriger wird das Darstellen, wenn zwei oder mehrere Kinder eine kleine Szene spielen sollen, in der sie als Tiere aufeinander reagieren:

- Katze und Hund begegnen sich.
- Einige Schafe werden vom Schäferhund zusammengetrieben.
- Ein Reh führt seine Kitze zum ersten Mal aus.
- Junge Vögel lernen unter der Obhut der alten das Fliegen.

Einfühlen in das Tier und seine Charakteristik erreicht der Spielleiter, wenn er die Kinder frei im Raum herumgehen läßt. Dazu erzählt er suggestiv, was die Tiere einer bestimmten Art tun, wie sie sich bewegen, wie sie ruhen, sichern, schleichen, fliehen. Die Kinder versuchen, das darzustellen, was er beschreibt. Dabei kann er selbst einen handlungsähnlichen Spannungsbogen erreichen, indem er die Tiere von der entspannten Ruhehaltung ausgehen, sich gelassen bewegen, in volle, gespannte Aktion geraten und dann wieder in die Ruhehaltung zurückkehren läßt.

Beobachtungen

Im Rahmen einer solchen „Studie“ kann ein Besuch des Tierparkes eingebaut werden, bei dem die Kinder bestimmte Tiere beobachten und sich charakteristische Bewegungsabfolgen einprägen, um sie später besser darstellen zu können. Aus einer Ausdrucksübung nach einem solchen Besuch kann eine Spielskizze des typischen Verhaltens einer Tierart entstehen, wie in dem folgenden Beispiel:

Die Affen mit dem Karton

Nachdem die Kinder von ihren Beobachtungen im Zoo erzählt und auch schon einige charakteristische Bewegungen einzelner Tiere vorgestellt haben, schlägt der Spielleiter vor: „Heute spielen wir Affen!" Das wird natürlich mit Jubel begrüßt. Der Spielleiter gibt auf dem Päukchen schwerfällige, hopsende Rhythmen an. Die Spieler bewegen sich scheinbar regellos als Affen über die Spielfläche: Sie begegnen sich, necken und umspringen sich, bilden Haufen, laufen wieder auseinander. Das ist nach der konkreten Anschauung lebendig und natürlich. Ein kräftiger Schlag, die Spieler wissen, was er bedeutet: Alle erstarren in der momentanen Haltung. Ein schwächerer Schlag, alle entspannen sich. Ein Wink des Spielleiters: Die Affen verlassen die Spielfläche und hocken sich an den Rand. Jetzt, nach der Einstimmung auf das Affendasein beginnt das eigentliche Spiel: Der Spielleiter schiebt einen Karton aus stabilem Unterteil und ebensolchem darübergeschobenem Oberteil in die Mitte der Spielfläche. Das soll der Mittelpunkt aller folgenden Spielversuche sein: Ein Affe trollt sich heran. Mißtrauisch umkreist er den fremden Gegenstand, riecht daran, reibt seine Nase an einer Kante, grunzt be-

friedigt. Plötzlich springt er zurück, stößt einen lauten Schrei aus. Das ist das Signal für die anderen: Ein zweiter Affe schleicht herbei, beide zusammen haben genug Mut, an dem Kasten herumzufummeln. Zwei weitere Affen stürzen herbei, schieben den Karton aus der Mitte heraus. Einem weiteren gefällt das nicht, er stemmt sich von der anderen Seite dagegen. Der stärkste Affe brüllt los, springt zum Karton, stellt sich breitbeinig darüber und jagt die andern giftig fort. Das wollen sich einige der bisher nicht Beteiligten nicht gefallen lassen. Sie schleichen sich an den Häuptling heran. Der steht immer noch in Siegerpose über dem Karton. Sie schubsen ihn weg, er fällt um und rollt brüllend über den Boden. Sie kümmern sich nicht darum, spielen selbst mit dem Karton, schieben ihn hin und her, springen darüber hinweg. Ihr Eifer erlahmt. Zwei ganz Vorwitzige machen sich an den Karton heran und kippen ihn um. Er teilt sich in Unter- und Oberteil, ist leer. Die Affen spielen mit den beiden Teilen weiter. Plötzlich brüllt einer los. Er hat sich das Oberteil über den Kopf gestülpt und kann nun nichts mehr sehen. Blind rennt er wie irre herum. Schließlich setzt er sich nur noch leise jammernd nieder und bleibt hilflos sitzen. Ein anderer trommelt auf diesem merkwürdigen Hut herum. Das macht ihm solchen Spaß, daß er in einen beschwingten Trommelrhythmus übergeht, nach dem alle anderen zu tanzen beginnen. Schließlich – so sind Affen nun einmal – verlieren alle die Lust und setzen sich auf ihre alten Plätze. Der Affe in der Mitte nimmt den Karton vom Kopf und gesellt sich wieder zu seinen Genossen.

Zu diesem freien Spiel der Affen mit dem Karton sind

unzählige Varianten denkbar. Bei weniger kreativen Gruppen helfen kleine Impulse des Spielleiters, eine festgefahrene Situation wieder zu beleben:
- „Drei besonders wilde Affen treten auf!"
- „Gleich springt der Karton auf!"
- „Der alte Häuptling kommt wieder!"
- „Jetzt wird die Sache langweilig!"

Das Tier als imaginärer Mitspieler

Hier soll das Kind nicht selbst das Tier darstellen, sondern als Mensch mit dem unsichtbaren Tier umgehen, indem es sich so deutlich dem Tier zuwendet, daß es die Zuschauer schon aus seiner Haltung erkennen können:
- Ein Pferd streicheln
- Eine Kuh melken
- Einen Schmetterling fangen und betrachten
- Einen Igel von der Straße hochnehmen und ins Gebüsch setzen
- Einem Hund das Apportieren beibringen.

Hierbei sind Formen des Ratens möglich und werden von den Kindern gern gespielt. Auch zusammenhängende Handlungsabläufe sind darstellbar:

Eine Katze im Busch

Der Spieler sitzt im Garten auf einem Stuhl und liest. Plötzlich schaut er hoch. Er lauscht, ohne in eine bestimmte Richtung zu schauen. Das leise Geräusch, was er gehört hat, ist verstummt. Er liest weiter. Wieder ist das Geräusch zu hören. Jetzt merkt er, aus welcher

Richtung das Geräusch kommt und schaut hin: In dem Busch an der Ecke bewegt sich etwas. Vorsichtig legt er das Buch beiseite. Er erhebt sich langsam, auf Zehenspitzen schleicht er zum Busch und bleibt davor stehen. Da, eine kleine Katze sitzt darin. Er kennt sie nicht. Sie ist scheu. Er lockt sie an. Zögernd nähert sich das Kätzchen. Er hält ihr einen Finger entgegen. Sie bleibt vor ihm sitzen, schnuppert am Finger. Er streichelt ihr vorsichtig mit der anderen Hand über das Fell. Die Scheu ist vergangen, das Tierchen schmeichelt sich an seinen Arm.

Weitere Handlungsabläufe ähnlicher Art:

- Ein Vogel singt im Baum
- Einfangen eines entflogenen Wellensittichs
- Ein Hund wird ausgeführt
- Ein fremdes Pferd soll eine Rübe fressen
- Ein Pferd wird aus dem Stall geführt.

Umgang mit vorgestellten Pflanzen

Eine Pflanze ist passiv. Als imaginärer Partner muß sie ganz anders gemimt werden als ein Tier. Wenn der Spieler mit ihr also umgehen soll, obwohl sie nicht vorhanden ist, muß sein Mimen diesen Eindruck des Passiven widerspiegeln. Durch Bewegungen mit den Händen, durch seine Blicke und auch durch seine Körperhaltung kennzeichnet er die Gestalt der Pflanze, zeigt, wie er mit ihr umgeht:

Die Rose

Der Gärtner geht durch den Garten. Da sieht er die Rose. Er tritt näher, beugt sich ein wenig hinab zu ihr, riecht ihren Duft, ist von ihrer Farbe enzückt. Vorsichtig faßt er sie mit einer Hand am Stiel, aber nicht vorsichtig genug, er ritzt sich an einem Dorn. Er zuckt zurück, schaut sich seinen Finger an, leckt den Blutstropfen ab, der aus der Stichwunde tritt. Dann ergreift er eine Rosenschere und schneidet sie ab, durch den Schmerz noch vorsichtiger geworden.

Weitere Aufgaben zum Mimen von Umgang mit Pflanzen:

- Pflücken eines Feldblumenstraußes
- Stachelbeeren pflücken
- Erdbeeren pflücken
- Pilze sammeln
- Eine Sonnenblume anbinden
- Einen Pflaumenbaum schütteln und die Pflaumen aufsammeln
- Eine Mohrrübe aus der Erde ziehen, abschaben und essen.

Einwortdialoge

Beim darstellenden Spielen von Kindern – und nicht nur von Kindern – soll das Wort, der Dialog so sparsam wie möglich verwendet werden. Das ist den Kindern nicht leicht begreiflich zu machen, verwechseln sie doch leicht Dramatik mit langatmigem verbalem Hin-und-Her. Deshalb auch wird in diesem Buch ein ganzes Kapitel dem wortlosen Spielen, dem Mimen, gewidmet. Und auch deshalb wird im letzten Abschnitt dieses Kapitels eine Spielform beschrieben, bei der gesprochen werden darf und soll, aber die Wortanzahl ist beschränkt, unter Umständen auf ein Wort. Das schärft die Beobachtungsgabe für die Mittel der Körpersprache, zeigt den Kindern handgreiflich, es kommt nicht auf die Menge der Worte an, sondern auf ihre Aussagekraft, und diese wieder hängt zum großen Teil von Gebärde, Mimik, Bewegung und Betonung ab. Ja, nicht einmal ein Sinnträger muß das Wort sein, wie in den folgenden Beispielen:

Die Luftpumpe

In dieser Szene soll ein Vater seinen Sohn auffordern, ihm die Luftpumpe aus der Garage zu holen. Der hat aber keine Lust und versucht Ausflüchte. Dabei darf von beiden nur das Wort „Luftpumpe" verwendet werden. Das Gespräch könnte so ablaufen:

Der Vater (V) steht sinnend vor dem (nicht vorhandenen) Fahrrad. Der Sohn (S) kommt dazu.

Dialog (gesprochen)	*Sinndeutung (nicht gesprochen)*
V(bestimmt): Luftpumpe!	*„Hol mir die Luftpumpe!"*

S(fragend): Luftpumpe? *„Wozu denn?"*
V(sachlich): Luftpumpe. *„Nun, zum Luftaufpumpen."*
S(maulend): Luftpumpe?! *„Immer ich!"*
V(streng): Luftpumpe!! *„Reg mich nicht auf! Gehorche!"*
S(dümmlich): Luftpumpe? *„Wo soll ich sie denn suchen?"*
V(wütend): Luftpumpe!!! *„Verflixt noch mal! Aus der Garage natürlich!"*

Der Sohn geht provozierend langsam weg und stöhnt dabei noch einmal „Luftpumpe!" vor sich hin.

Djakka – dakka

Die Szene soll in einer Gaststätte spielen. Ein Reisender kommt herein und setzt sich an einen Tisch. Dort sitzt schon ein anderer Gast und liest Zeitung. Der Reisende bestellt sich beim Kellner etwas zu essen. Der Kellner bringt das Bestellte: Es ist versalzen. Der Kellner räumt nach der Reklamation ab und bringt ein neues Gericht. Dieses schmeckt dem Reisenden vorzüglich. Schließlich verlangt er die Rechnung, bezahlt und äußert sich lobend über das Essen.

Diese Handlung wird nur mit der Lautfolge: Djakka dakka begleitet. Betonung, Gebärden und Mimik sollen den Dialog verstehbar machen. Es könnte aber auch jede andere ausdrucksstarke Lautfolge benutzt werden, die von den Spielern selbst „erfunden" wird. Der Reiz des Spieles liegt in der vielfältigen Variation der Betonung. Das Spiel könnte etwa so ablaufen:

Reisender (tritt ein, grüßt): Djakka dakka!
Gast (unterbricht das Lesen nicht): Djakka dakka.
Reisender (tritt an den Tisch, fragt, ob er sich setzen darf): Djakka dakka?
Gast (schaut kurz auf, gestattet es): Djakka dakka.
Reisender (setzt sich, ruft den Kellner): Djakka dakka!
(Der Kellner kommt. Er legt dem Gast die Speisekarte vor. Beide beraten, was es sein soll)
Kellner (fragt, ob mit Kartoffeln oder pommes-frites): Djaka dakka – djakka dakka?
Reisender (möchte pommes-frites): Djakka-dakka!
Kellner (verbeugt sich, geht ab): Djakka-dakka.
Gast (hat dasselbe gegessen, lobt das Gericht): Djakka-dakka!
Reisender (bittet den Gast um die Zeitung): Djakka dakka?
Gast (gibt ihm die Zeitung): Djakka dakka.
Kellner (serviert): Djakka dakka.
Reisender (bedankt sich): Djakka dakka!
(Er probiert. Das Essen ist versalzen. Er ruft den Kellner herbei und beschwert sich. Der Kellner bringt ihm nach längerem Palaver ein neues Essen)
Kellner (entschuldigend): Djakka dakka!
Reisender (probiert, ist entzückt): Djakka dakka!
Gast (geht weg, während der Reisende ißt): Djakka dakka!
Reisender (nickt ihm zu): Djakka dakka!
Während er weiterißt, murmelt er öfters anerkennend „djakka dakka" vor sich hin. Schließlich ruft er den Kellner und bezahlt. Dabei äußert er sich anerkennend und zählt ein Trinkgeld auf: „Djakka dakka, dakka, dakka". Mit kurzem Gruß geht er ab: „Djakka dakka."

Spielanstöße

Vorbemerkung

Handlungsabläufe zu erfinden, aufzubauen und spielerisch umzusetzen, gehört zu den Hauptaufgaben der Freien Spielarbeit.

Als Spielanstöße können zum Beispiel dienen:

- Konkrete Dinge, die zum Handeln herausfordern
- Ein Reizwort oder mehrere Reizwörter
- Ein Konflikt, der sich zu einer Handlung ausbauen läßt
- Eine Situation, die Handlungsaufforderung enthält.

Ein solcher Spielanstoß ist noch keine Handlung. Diese muß gemeinsam gestaltet werden. Dazu sind Vorüberlegungen und Vereinbarungen nötig. Gemeinsam überlegt die Gruppe:

- Welche Handlung läßt sich aus dem Spielanstoß entwickeln?
- Wie läßt sich diese Handlung spielerisch umsetzen?
- In welche Einzelszenen kann die Handlung zerlegt werden?

– Welche Teile lassen sich nicht darstellen?
– Wie werden sie trotzdem eingefügt (Erzähler, Lied, Bild)?

Die Ergebnisse der Beratungen werden in Stichworten an der Tafel festgehalten. So entsteht ein Handlungsgerippe, das als Grundlage für die spielerische Gestaltung dient. Ein erster spielerischer Versuch ohne große Vorbereitung schließt sich an. Dabei zeigen sich schon interessante Lösungen für Einzelprobleme, die für die Weiterarbeit verwendbar sind, und deshalb auch notiert werden. Aus dem Zusammenwirken von Spielversuchen und Überlegungen entsteht so der fertige Handlungsablauf und die Szeneneinteilung. Teilstücke der Handlung, die sich dabei als langatmig und langweilig erweisen, werden gekürzt und gestrafft.

Eine solche Gestaltung des Handlungsverlaufes ist eine interessante Aufgabe für jede engagierte Gruppe. Das gemeinsame Bemühen um die Gestaltung der dramatischen Form ist der Ausgangspunkt für jedes erfolgreiche Spielen. Hier liegt das Zentrum der Freien Spielarbeit, wie sie die Autoren verstehen. Zum Ausbau verschiedenster Spielanstöße zu improvisierten Szenen werden deshalb besonders viele Beispiele gebracht und methodische Hilfen gegeben.

Gegenstände als Spielanstöße

Ein realer Gegenstand

Bei einer Gruppe mit wenig Spielerfahrung bekommen die Kinder Gelegenheit, sich mit dem Ding zu beschäftigen, das als Spielanstoß dienen soll. Einzelne Kinder treten in den Spielkreis, während alle anderen außen herum sitzen und zuschauen. Das Kind nimmt den Gegenstand in die Hand, betrachtet ihn, untersucht ihn, reicht ihn einem anderen Kind, das so in ein beginnendes Spiel hineingezogen wird. Dabei machen sich die Kinder mit den spielerischen Möglichkeiten des Dings bekannt. Es zeigen sich erste Ansätze zum Weiterspielen. Werden diese nicht erkannt, so gibt der Spielleiter Impulse. Das kann schon zu einer ersten kleinen Szenengestaltung führen, in die auch andere Kinder einsteigen, entweder spontan oder auf einen Wink des Spielleiters:

„Spielt mit einem Gegenstand,

- der verlorenging, gesucht und wiedergefunden wird,
- der gekauft und verkauft wird,
- der verschenkt wird,
- der gegen einen anderen getauscht wird,
- der sich eigenartig verändert."

Solche Szenen entwickeln sich stumm, können aber auch schon erste Ansätze zum Dialog enthalten. Das kann vereinbart werden.

Auf solche oder ähnliche Weise entwickeln sich spielerische Ansätze, die zu einer Szene ausgebaut werden können. Hat eine Spielgruppe schon öfters gespielt, so ist der „Vorkurs“ des spielerischen Umgangs mit dem Gegenstand überflüssig. Die Kinder setzen gleich zu einer Szene an. Dabei kommt es bei Wiederholungen mit anderer Besetzung oft zu ganz verschiedenen Lösungen, die von der Gruppe beurteilt werden. Ein besonders gelungener Ansatz wird dann weiter verfolgt und gemeinsam ausgebaut. So benutzt, enthält ein Ding einen deutlichen Aufforderungscharakter für die Spieler.

Die dramatische Funktion des Spielgegenstandes

- Der Gegenstand ist nur Spielanlaß und hat während der ganzen Szene keine weitere Funktion. Zum Beispiel ein Stein, der am Wege liegt und zu einem Unfall führt. Das Kind muß zum Arzt gebracht werden und kann nicht zur Schule gehen.
- Der Gegenstand wird in seiner normalen Funktion benutzt, die auch den Handlungsverlauf bestimmt. Zum Beispiel ein Regenschirm als Spielanlaß, der bei Regen spielt.
- Der Gegenstand ist das Ziel der Handlung. Zum Beispiel ein Schlüssel. Er ist verlorengegangen und muß gesucht werden. Wird er gefunden, so ist die dramatische Handlung abgeschlossen.
- Der Gegenstand ist dramatischer Mittelpunkt, zu dem die Handlung während des Spielens immer wieder zurückkehrt. Zum Beispiel eine Dose, in der sich Zauberpillen befinden, die für eine paar Minuten Riesenkräfte verleihen.

- Der Gegenstand kann mit einer völlig anderen Zweckbestimmung verfremdet werden:
  Ein Tisch als Berg – Aussichtsturm – Haus – Höhle
  Ein umgedrehter Tisch als Auto – Schiff – Boot
  Ein Stuhl als Treppe – Leiter – Auto – Rollstuhl
  Eine Decke als Bett – Zelt – Mantel – Höhle
  Eine Zeitung als Zudecke – Mütze – Vorhang
  Ein Bleistift als Taktstock – Nadel – Schraubenzieher.
- Mit dem Gegenstand kann eine Veränderung erfolgen, um die sich die Szene dreht. Zum Beispiel ein Ball, der zu schlapp aufgepumpt ist, so daß sich die Spieler gegenseitig beschuldigen, ihn beschädigt zu haben, bevor sie auf die Idee kommen, ihn aufzupumpen, um friedlich weiterspielen zu können.

Einige Beispiele sollen die verschiedenen Möglichkeiten und Methoden verdeutlichen, Gegenstände als Spielanstöße einzusetzen.

Die Flasche als Spielanstoß

- Sie kann Spielanlaß sein für eine Handlung, in der sie später nicht mehr auftaucht: Einem Kind fällt eine Flasche zu Boden, es verletzt sich an den Scherben und muß ins Krankenhaus gebracht werden, wo seine Wunde genäht wird. Die Flasche taucht in der ganzen Szene nicht wieder auf.
- Kinder wollen einen Ausflug mit Picknick machen und füllen Himbeersaft in eine Flasche. Sie streiten, wer sie tragen soll, dabei fällt sie zu Boden und geht entzwei. Nun fällt der Ausflug aus, weil die Scherben

weggeschafft und die Küche gesäubert werden muß.
- Die Flasche enthält Klugheitssaft. Die Besitzerin hält das vor allen anderen geheim und glänzt deshalb durch übergroße Klugheit, muß aber oft heimlich davon nippen, weil sie sonst sofort dumm wird.
- Kinder finden eine geheimnisvolle Flasche. Sie öffnen den Verschluß und riechen am Inhalt. Es duftet wunderbar. Werden sie probieren? Und was passiert, wenn sie es tun?

Um die Vielfalt der Möglichkeiten den Kindern vor Augen zu führen, wird die Gruppe in mehrere Kleingruppen aufgeteilt. Jede Kleingruppe bekommt eine Flasche und berät, was für eine Szene sie mit dieser Flasche ausarbeiten und vorstellen möchte. Nach einiger Zeit stellen sie sich gegenseitig ihre Ergebnisse vor.

Bei ungeübten Gruppen wird der Spielleiter immer wieder beobachten, daß die Kinder sich mit dem ersten besten Einfall zufrieden geben. Hier muß er Hilfen und weitere Impulse geben:

„Nimm doch den Stock erst einmal in die Hand, bevor du dich entscheidest, was du damit anstellen willst." Vielleicht fuchtelt das Kind dann mit dem Stock in der Luft herum und bekommt dabei den Einfall, er könnte ein Schwert und es selbst ein Ritter sein. Ein anderes Kind balanciert den Stock vielleicht auf dem Zeigefinger und kommt dabei auf die Idee, einen Jongleur zu mimen. Auf diese Weise werden die Kinder mit dem Gegenstand vertraut und merken, daß er ganz verschiedene Arten der Benutzung zuläßt. Doch zu einer Szenengestaltung kommt es oft nicht. Ungeübten Kindern fehlt zunächst die Vorstellung, welche Rolle der Gegenstand in einer Szene spielen könnte, die über die bloße

Benutzung hinausgeht. Da muß der Spielleiter weitere Impulse geben, um eine Szene entstehen zu lassen. Das soll hier an einem Beispiel gezeigt werden.

Das Tuch

Die Kinder sitzen auf dem Boden im Kreis. In die Mitte hat der Spielleiter ein Tuch gelegt und wartet ab. Ein Kind bindet sich das Tuch als Kopftuch um, stolziert ein wenig damit herum, legt es dann aber wieder ab und setzt sich. Das nächste Kind faßt das Tuch an zwei Zipfeln und schwingt es im Kreise um sich herum, schließlich putzt eins sich die Nase mit dem schönen Tuch. Weitere Einfälle kommen nicht.

In allen drei Fällen hätte der Spielleiter durch einen Impuls versuchen können, eine Handlung in Gang zu setzen:

- Er könnte zu dem Kind, das das Tuch als Kopftuch benutzt, sagen: „Gut, du bist vernünftig, bei dem Wind ein Kopftuch umzumachen, Wo du doch Ohrenschmerzen hast. Aber was machst du, wenn jetzt ein paar Kinder um die Ecke kommen und Oma zu dir sagen?"
- Das Kind, das das Tuch tänzerisch um sich herumgeschwungen hat, erhält den Hinweis: „Dein Tuch ist ein Zaubertuch! Du bist unsichtbar, wie Luft, keiner sieht dich, keiner hört dich, aber du mußt dringend jemanden nach der Uhrzeit fragen."
- Dem Kind, das dieses schöne Tuch als Taschentuch mißbraucht, hätte der Spielleiter zurufen können: „Na, warte nur, wenn das deine Mutter sieht! Das ist doch kein Schnupftuch."

Hier ist ein Ansatz zu einem Konflikt gegeben. Der Spielleiter könnte also anregen, jemand sollte die Mutter spielen und schimpfen: „Das schöne Halstuch. Heute gibt es keinen Nachtisch!" Jetzt muß das Spiel durch einen neuen Impuls des Spielleiters in Gang gehalten werden: „Sag doch etwas zu der Mutter!"

Genauer sollte das der Spielleiter nicht ausdrücken, sonst nähme er dem Spieler zu viel ab. Das Kind könnte sich nun bei der Mutter entschuldigen, es könnte maulen, es könnte weinend weglaufen. Auf alle Fälle wäre die Spielerin der Mutter zu einer weiteren Reaktion herausgefordert und der erste zaghafte Ansatz zu einer kleinen Szene wäre entstanden. Bei einer Wiederholung könnte sie mit anderen Kindern ausgebaut werden.

Hat eine Gruppe Spielerfahrung, so kann auf solche spielerischen Vorübungen verzichtet werden. Die Kinder setzen gleich von selbst zu einer Szene an. Dabei kommt es oft zu verschiedenen Lösungsversuchen. Ein besonders vielversprechender Ansatz wird weiter verfolgt und mehrmals beraten und wiederholt. Hier wird als Beispiel das Herantasten an Spielszenen dargestellt, für die als Spielanstoß ein Hut diente:

Spiele mit dem Hut

Der Hut soll als Anstoß für eine längere Szene dienen. Dazu werden folgende Spielregeln verabredet:

- Die Spielgruppe sitzt zunächst in einem weiten Kreis auf dem Fußboden. In der Mitte liegt der Hut. Alle schauen ihn an. Wem zuerst eine gute Idee kommt, geht in die Mitte, nimmt den Hut auf und beginnt sein Spiel.

- Sobald ein anderes Kind erkennt, was der Hutspieler darstellen will, steht es auf und steigt in die sich entwickelnde Szene ein.
- Jeder, der mitspielen will, muß seine Rolle so wählen, daß sie sich in die bereits angelaufene Szene einfügt. Wer merkt, er ist fehl am Platze, zieht sich wieder zurück. Das darf auch jeder andere, dem seine Rolle keinen Spaß mehr macht.
- Der Spieler mit dem Hut hat als einziger das Recht, weitere Kinder aus dem Kreis heranzuziehen und als Spieler oder Spielgegenstände einzusetzen.
- Es wird so wenig wie möglich gesprochen, und nur Dialoge, keine Erklärungen und keine Beratungen oder Vorschläge.

Der Zauberhut

Zur Einstimmung wird zunächst verabredet, der Hut soll ein Zauberhut sein. Die Kinder gehen auf der Spielfläche ruhig umher, ohne sich gegenseitig zu behindern. Der Spielleiter setzt einem der Kinder den Hut auf, und schon beginnt die Verzauberung: Das Kind verwandelt sich nach eigner Entscheidung in eine andere Person, ein Tier, ein Fabelwesen, einen Gegenstand. Alle anderen Kinder versuchen zu erraten, was das Kind meint. Wem das gelingt, verwandelt sich ebenso, bis schließlich alle dasselbe darstellen. Hat sich jemand geirrt, so schüttelt das Kind mit dem Hut nur still den Kopf.

Nach einer Weile gibt der Spielleiter ein Zeichen, und alle Kinder gehen wieder wie anfangs umher. Der bisherige Hutträger setzt jemand anderem den Hut auf, der eine neue Verzauberung beginnt.

Bauer mit Hut

Der Hut wird wieder in die Mitte gelegt. Alle Kinder setzen sich im Kreis außen herum. Ein Kind steht nach einer Besinnungspause auf. Es setzt sich den Hut auf und stapft als Bauer über das Feld. Das erkennen die andern, ihnen fällt aber nichts ein, was sie dazu beitragen könnten. Da gibt der Bauer das Stichwort, indem er zu sich selbst sagt: „Der Boden ist gut. Heute wird gepflügt." Nun merken einige Kinder, der Bauer braucht einen Trecker und einen Pflug. Schnell bilden vier Kinder den Trecker rund um den Bauern. An die hinteren hängt sich ein weiterer Spieler, der sich als Pflug über den Boden schleifen läßt. Das geht natürlich nicht so flüssig voran, wie es hier skizziert ist, sondern die ganze Spielgruppe beteiligt sich mit Ratschlägen an der Konstruktion. Wenn dann der Trecker und der Pflug fertig sind und das Pflügen beginnt, erzeugen die nicht beteiligten Kinder mit rhythmischem Gebrumm und Fußstampfen die Treckergeräusche.

Der Bettlerhut

Ein Kind setzt sich an die Wand und stellt den Hut vor sich auf die Erde. Dann mimt es Gitarrespielen und singt dazu. Andere Kinder spazieren an ihm vorbei und legen ihm Geldstücke in den Hut. Zwei andere beginnen nach seinem Gesang zu tanzen. Ein Passant macht verächtliche Gesten und geht vorbei. Ein Kind bringt einen Teller mit Suppe. Der Bettler ißt sie gierig auf. Schließlich ist die Fantasie der Kinder erschöpft. Sie ziehen sich an den Rand zurück und setzen sich wieder hin. Der Bettler steht auf, nimmt die Münzen aus dem Hut, steckt sie in die Tasche, setzt den Hut auf und zieht mit müdem, schleppendem Gang ab.

Der Hut des Herrn

Ein Kind steht entschlossen auf, geht in die Mitte, setzt sich den Hut auf, stellt sich gebieterisch hin und kommandiert: „In meiner Gegenwart hat niemand zu sitzen! Verstanden!" Alle springen auf und nehmen unterwürfige Haltung an. Sie haben erkannt, der Hut macht seinen Träger zum mächtigen Mann. Nun weiß der Hutträger aber nicht mehr weiter. Er nimmt ihn ab und bietet ihn an: „Wer will den Hut haben?" Ein Gerangel entsteht. Der Hut wechselt mehrmals den Besitzer, ohne daß das Konsequenzen hat. Der Spielleiter mischt sich ein, nimmt den Hut an sich, setzt ihn auf und ruft: „Stop!" Alle kapieren, was er damit sagen will. Als er nun den Hut wieder zurückgibt, entwickelt sich ein Spiel: Sobald jemand den Hut aufhat, gehorchen ihm alle anderen, und er kann sie kommandieren. Sobald der Hutträger aber nicht aufpaßt, schleicht sich jemand von hinten an ihn heran, entreißt ihm den Hut und setzt ihn selbst auf. Nach einer Weile sind diesem Spiel keine neuen Varianten mehr abzugewinnen, und im Gespräch erörtert die Gruppe, was alles an Regeln eingebaut werden müßte, um dem Spiel ein Ziel zu geben. Etwa, wer den Hut schon einmal hatte, muß ausscheiden, wird ins Gefängnis geworfen. Wer ertappt wird, bevor er den Hut erwischt hat, muß sich still und steif neben den Hutträger stellen. Ganz zum Schluß kommt jemand auf den Gedanken: Daraus könnten wir ein richtiges Stück zum Aufführen machen.

Ein verfremdeter Gegenstand

Spiele mit der Decke

Eine graue oder braune Decke liegt in der Mitte der Spielfläche. Die Kinder sitzen an den Rändern. Einzelne Spieler oder auch mehrere als Partner werden aufgefordert, mit der Decke etwas vorzuspielen:
- Einer hüllt sich, auf dem Boden liegend, darin ein, mimt schlafen.
- Ein anderer legt sich darauf und schnarcht.
- Eine Gruppe von vier Spielern faßt an die Zipfel und mimt einen Streit um die Decke. Warum sie streiten, erkennt niemand. Nachher sagen sie, es wäre kalt gewesen, und sie hätten um die Decke gekämpft.

In allen diesen Beispielen ist die Decke eine Bettdecke geblieben. Darüberhinausweisende Spielanstöße hat sie nicht gebracht. Deshalb ist es nötig, darüber zu sprechen, was eine Decke für den Menschen noch bedeuten kann:
- Sie wärmt den Menschen als Zudecke.
- Er kann sich aber auch darunter verstecken.

– Er kann sie überhängen und andere erschrecken.

Sie kann auch zweckentfremdet zum Spielen benutzt werden:

- Sie wird zur Höhle, wenn sie über einen Hocker geworfen wird.
- Sie stellt das Sprungtuch der Feuerwehr dar.
- Sie wird zur Insel, auf die sich Schiffbrüchige retten.
- Als Umwicklung einer Mumie ist sie geeignet, wenn der Mumiendarsteller zwei Helfer hat, die ihn einwickeln und vielleicht sogar verschnüren.
- Ein Drachenflieger schlägt sich einen Zipfel von hinten her über den Kopf und hält ihn mit den Zähnen fest, während er zwei andere Zipfel ergreift, die Arme abspreizt und weich und sanft durch den Raum segelt.

Vielfältig sind die Möglichkeiten, eine Decke als Verkleidung zu benutzen:

- Als Federkleid der Eule, wenn sie über den Kopf geworfen, unter dem Kinn zugehalten und mit den abgespreizten Ellenbogen als Flügel bewegt wird.
- Ein Zwergenmantel mit Kapuze läßt sich formen.
- Der elegante Rock einer feinen Dame ist möglich.
- Eine Toga
- Ein Lendenschurz
- Der Burnus eines Beduinen
- Der Mantel eines Bettlers
- Aber auch der eines eleganten Herrn.

Um möglichst viel von diesen und weiteren Möglichkeiten herauszufinden, ist ein Ratespiel hilfreich:

Jeder denkt sich eine Möglichkeit aus, sich mit der Decke zu verkleiden. Das spielt er den anderen vor, und die raten, was er darstellen wollte. Hier soll als Beispiel nur der Versuch beschrieben werden, mit Hilfe der Decke eine Hexe darzustellen.

Hexendarstellung mit Decke

Ein Mädchen hängt sich die Decke lose um die Schultern und stolziert im Kreis herum. Die anderen raten: Alte Frau – Araberin – Gespenst. Sie schüttelt den Kopf und stolziert weiter: Feine Dame – Bettlerin – Gemüsefrau. Wieder falsch. Der Spielleiter winkt sich das Mädchen heran und läßt sich zuflüstern, was sie darstellen wollte. Eine Hexe. Genauso leise rät er ihr: Du mußt uns zeigen, wie böse du bist. Jetzt läuft sie gebückt herum, richtet sich dann drohend auf, spreizt die Finger zu Krallen, streckt sie den Zuschauern entgegen, als wollte sie ihnen die Augen auskratzen und ruft hihihi. Sofort wird sie als Hexe erkannt.

Daran knüpft sich ein grundsätzliches Gespräch: Wie kommt es, daß jetzt die Hexe erkannt wurde? Dabei wird herausgearbeitet, daß eine neutrale Verkleidung allein kein bestimmtes Wesen, keine erkennbare Person kennzeichnet. Es gehört der Gang dazu, die Mimik, Bewegungen von Armen und Beinen, die ganze Körperhaltung, typische Gebärden und Lautäußerungen. Diese Merkmale werden so deutlich wie möglich dargestellt, ja sie dürfen auch vergröbert und übertrieben werden.

Wenn nach diesem Gespräch andere Kinder die Hexe ausprobieren, so bleiben sie meist beim Nachahmen der ersten Darstellerin. Es treten jedoch hier und da neue Darstellungsmerkmale auf, interessante Varianten,

Lerneffekte, die die Wiederholung rechtfertigen: *Ein anderes Mädchen springt auf, schnüffelt in der Luft herum, sichert nach allen Seiten. Die Luft ist rein, dann nähert sie sich der Decke, schaut sich noch einmal sichernd um, stürzt sich darauf, reißt sie gierig an sich, streicht genüßlich über den Stoff. Mit wildem Sprung wirft sie sich die Decke über die Schultern, dreht sch wohlgefällig hin und her, als ob sie sich in einem Spiegel musterte. Jetzt lacht sie hysterisch auf: Hihihi! und beginnt sich hin und her zu wiegen, wie nach einer geisterhaften Musik. Jetzt tanzt sie gar über die Spielfläche und wedelt dabei mit der Decke, die anderen scheuchend. Die weichen ängstlich zurück, aber ein Kind wird von der Decke berührt und schreit auf. Wieder ertönt das gräßliche Hihihi! Doch dann plötzlich hört die Bewegung auf. Starr steht die Hexe einen Moment da. Die Musik, die sie vernommen hat, ist offenbar verstummt. Mit einem Seufzer sinkt sie in sich zusammen, verkriecht sich unter der Decke. Nach einer Weile der Bewegungslosigkeit lugt sie unter der Decke hervor, prüft ob die Luft rein ist. Wie eine Schlange gleitet sie unter der Decke hervor und huscht lautlos auf ihren ursprünglichen Platz. Die Decke bleibt als schlaffe Hülle zurück.*

Der Spielanstoß durch einen merkmalsarmen Spielgegenstand, wie es die Decke ist, bildete zuletzt den Anstoß zu einer durchaus kreativen, originellen Darstellung. Im nächsten Beispiel wird noch deutlicher, wie die Zweckentfremdung eines solchen Gegenstandes kreative Spielkräfte freizusetzen vermag.

Spiele mit dem Seil

Die Spielgruppe hockt im Kreis um die Spielfläche herum. In der Mitte liegt ein Seil, fingerdick, drei Meter lang. Der Spielleiter stellt die Aufgabe: „Wer einen Einfall hat, kann mit dem Seil etwas anfangen. Es darf ein Seil bleiben, kann aber auch etwas ganz anderes sein.“ Hier bieten sich zahlreiche kreative Möglichkeiten an:

- *Zwischen den flachen Händen das Seil wie eine Plastilinstange rollen. Die Enden klatschen auf dem Fußboden hin und her.*
- *Zwei Kinder lassen das Seil in hohem Bogen kreisen, die anderen laufen darunter hindurch. Wer getroffen wird, wälzt sich theatralisch auf der Erde und wird von anderen weggeschleppt.*
- *Jemand wickelt sich in das Seil ein, andere müssen ihm zu Hilfe kommen und ihn wieder auswickeln.*
- *Das Seil wird als Kreis gelegt, der starke Ferdinand stellt sich in Ringerpose in den Kreis und fordert mimisch andere zur Kraftprobe auf: Ein anderer Ringer tritt zu ihm. Wer den anderen aus dem Kreis schubsen kann, ist Sieger.*

Eine zusammenhängende Handlung entwickelt sich daraus noch nicht. Wenn das nicht von allein eintritt, muß der Spielleiter Impulse geben:

Seiltänzer

Die Kinder haben das Seil langausgezogen auf den Boden gelegt und laufen, hüpfen und balancieren darüber. Das ergibt aber nur eine ständige Wiederholung des gleichen Ablaufes. Der Spielleiter ruft: „Jetzt, verehrtes Publikum, sehen Sie, was Sie noch nie gesehen haben. Mira, die beste Seiltänzerin der Welt zeigt ihre Kunststücke, fünfzehn Meter hoch über der Manege, ohne Netz. Beifall für Mira! Sofort verwandeln sich alle bis auf „Mira" in Publikum, das begeistert Beifall klatscht. Wie kann es weitergehen:

- *Mira stürzt ab, wird ins Krankenhaus gebracht.*
- *Ein Junge aus dem Publikum will es Mira nachmachen.*
- *Ein eifersüchtiger Kollege schneidet das Seil durch.*
- *Sturm kommt auf, der das Zelt fast zum Einsturz bringt.*
- *Ein Zirkusarbeiter soll verhaftet werden, er flüchtet auf das Seil.*

Riesenschlange

Der Spielleiter ruft entsetzt: „Hu, eine Riesenschlange, eine Python!": Ein Schlangenbändiger faßt das Seil kurz hinter dem einen Ende an, läßt es zittern, um sich schlagen, schwenkt es herum, kämpft mit der Schlange, die ihn erdrücken will, besiegt sie, so daß sie weich und nachgiebig wird, legt sie auf die Erde, vollführt eine Schlangenbeschwörung, legt sie sich dann um den Hals, geht an der Gruppe der Zuschauer vorbei und zeigt ihnen die Schlange. Sie spielen mit, streicheln die Schlange zögernd, zucken zurück, bewundern die Zeichnung der Haut. Ein Mutiger läßt sie sich um die Schultern legen. Schließlich faßt der Schlangenbeschwörer die Schlange an einem Ende und wedelt sie

von der Spielfläche. Das Publikum applaudiert heftig. Dazu machen Rateaufgaben Spaß: „Hier liegt kein Seil sondern eine Schlange. Sie kann unterschiedliche Eingenschaften haben:
Groß – klein – zahm – wild – harmlos – giftig.
Wem etwas einfällt, der kann zu der Schlange gehen und etwas mit ihr anstellen: Als Mensch – als Igel – als Kaninchen – als Schlangenadler. Die anderen raten, was für eine Schlange es ist, und wer sich ihr nähert, mit ihr kämpft, sie dressiert, frißt oder von ihr gefressen wird.

Spiele mit dem Hocker

Der Spielleiter stellt einen Hocker als Spielanstoß in die Mitte der Spielfläche. Bei einer Anfängergruppe werden die Spieler unter dem Hocker hindurchkriechen, wenn er den Auftrag gbit, damit umzugehen, oder sich daraufsetzen oder -stellen. Im besten Falle wird ein Kind ihn umdrehen und als Rasenmäher über die Spielfläche schieben. Zur Gestaltung einer Spielszene kommt es in den meisten Fällen nicht. Eine spielerfahrene Gruppe sieht dagegen die vielfältigen Möglichkeiten, die der Hocker als Spielobjekt oder als Ausgangspunkt für die Entwicklung einer Szene bietet. Zu Beginn der Stunde läßt der Spielleiter einzelne Spieler unbefangen mit dem Hocker umgehen, ohne daß sie dabei in eine Szene einsteigen sollen. Ein Spieler schiebt den umgedrehten Hocker hin und her und brummt dabei. Er spielt Staubsauger. Ein anderer kauert sich unter dem Hocker zusammen und ruft: „Sucht mich mal!“ Ein dritter stellt

sich auf den Hocker, schaut nach unten und gibt dazu an- und abschwellende Brummlaute von sich. Er steht auf einer Autobahnbrücke und sieht den darunter hindurchfahrenden Autos zu. Ein Mädchen nimmt den Hocker auf den Rücken, die Beine nach vorn. Sie trägt einen Rucksack.
Solche ersten, einfachen Vorstellungen, was der Hocker alles repräsentieren kann, sind wichtig, um später Möglichkeiten zu entdecken, ihn als wichtiges „Spielmittel" in einer Szene einzusetzen.

Das Monster

Eine Szene entwickelt sich, wenn der Impuls: „sucht mich doch mal" zum Beispiel dazu führt, den Hocker als Höhle zu interpretieren. Ein Spieler kriecht unter den Hocker, faucht und kreischt. „Ich bin ein Monster." Aus der Gruppe löst sich ein Spieler und schleicht in weitem Abstand um die Höhle herum. Dabei murmelt er: „Warte nur, dich kriege ich!" Dann nähert er sich der Höhle vorsichtig und noch etwas zaghaft. Das Monster faucht und flucht, schießt heraus, um den Waghalsigen zu packen. Vergeblich. Er weicht zurück. Der Spieler, mutiger geworden, holt sich einen Stock und kitzelt das Monster. Das wagt sich nie sehr weit aus seiner Höhle hinaus, und so entwickelt sich ein Hin und Her von Necken, Angreifen und Zurückweichen. Das wird allmählich langweilig, weil sich keine weitere Entwicklung mehr anbeitet. Weder Monster noch Angreifer sind gewillt, sich im Sinne des Spieles geschlagen zu geben. Also ist ein Spielleiterimpuls nötig. Er spricht die

Zuschauer an: „Ihr seid Dorfbewohner. Das Monster verwüstet eure Felder!"
Die Gruppe setzt sich zur Beratung zusammen. Das Monster faucht und kreischt zuerst, schläft aber dann ein. Die Gruppe veranstaltet eine Art Gemeinderatssitzung. Vorschläge werden gemacht und verworfen. Das Monster soll zum Beispiel ausgeräuchert oder mit Hilfe des Feuerwehrschlauches in seiner Höhle ersäuft werden. Schließlich einigt man sich darauf, das Monster lebendig zu fangen. Jetzt muß die Technik des Fangens diskutiert werden. Solche Diskussionen sind auch Spiel, aber zuweilen werden sie von einzelnen Spielern abgewürgt, die das nicht erkennen können, albern werden oder unsinnige Vorschläge machen, um sich aufzuspielen. Hier muß der Spielleiter wieder mit einem Impuls eingreifen: „Das Monster kann nie wieder etwas loslassen, was es einmal gepackt hat!" Dieser Vorschlag setzt das Spiel wieder in Gang. Ein Seil wird herbeigeschafft und dem Monster hingeworfen. Es packt danach und wird aus der Höhe herausgezogen. Die Spieler wissen, das Fangen des Monsters darf nicht sofort klappen. Also werden Zwischenfälle eingebaut. Ein Dorfbewohner gerät beinahe in die Klauen des Monsters. Er hat sich im Seil verheddert und kann nur durch ein Ablenkungsmanöver anderer Spieler gerettet werden. Das Monster erweist sich zwischendurch als stärker und zieht die Mannschaft am Seil auf seine Höhle zu. Da kommt einem eine Idee. Er stellt sich als großer Baum hin und ruft: „Ich bin ein Baum. Wickelt das Seil um mich herum!" Das gelingt. Das Monster ist festgebunden. Nun wird es mit Stöcken gereizt und zur Verfolgung einzelner angestachelt. Diese laufen so geschickt

fort, daß sich das Seil immer mehr um den Baum wikkelt. Dadurch wird der Spielraum des Monsters immer kleiner, bis es schließlich bewegungslos dicht am Baume hockt. Zum Schluß wird eine Gerichtsverhandlung abgehalten: Was soll mit dem Monster geschehen: Nach vielen blutrünstigen und fantastischen Vorschlägen bittet das Monster winselnd um Gnade und verspricht, in Zukunft die Felder der Bauern zu bewachen.

Reizwörter

Ein Wort, ein Begriff, kann zum Anstoß für improvisatorisches Spielen einer Szene werden. Das Hören oder Sehen soll bei den Spielern eine so deutliche Vorstellung erwecken, daß sie spontan mit einer Spielhandlung beginnen. Gelingen kann das nur, wenn der Begriff in die Vorstellungswelt der Kinder gehört. Deshalb üben die Spieler, Vorstellungen zu einem Wort oder einem Begriff spontan zu artikulieren. Oft ist ihnen gar nicht bewußt, wieviele verschiedene Vorstellungen zu einem einzigen Wort möglich sind. Mit Bedacht wird hier als erstes Beispiel der eben beschriebene Reizgegenstand Hut benutzt, der jetzt als nicht konkret vorhanden gedacht wird.

Assoziationen

Zum Begriff Hut

- Einen Hut kann man aufsetzen
- Der Wind kann ihn fortwehen, man rennt hinterher
- Früher zogen die Herren den Hut vor einer Dame
- Im Restaurant kann man seinen Hut verwechseln
- Mit dem Hut kann man betteln gehen
- Einen Mexikaner, einen Bayern erkennt man am Hut
- Mit Hüten kann man eine Modenschau veranstalten
- Es gibt viele verschiedene Hüte: Strohhut – Sombrero – Bowler – Zylinder – Chinesenhut – Jägerhut – Schlapphut – Sonnenhut

- Es gibt viele andere Kopfbedeckungen: Mütze – Kappe – Käppchen – Hütchen – Kopftuch – Turban – Fez – Helm.

Assoziationen zum Begriff Auto

- Mit dem Auto fahren
- Ein Auto steuern
- Im Auto hinten sitzen
- Das eigne Auto putzen
- Das Auto des Nachbarn für Geld putzen
- Bei Rot über die Ampel fahren
- Das neue Auto hat eine Beule
- Verschiedene Automarken
- Auto als Umweltverschmutzer
- An der Tankstelle
- Der Polizeiwagen
- Der Rettungswagen
- Panne auf der Autobahn
- Andere Fahrzeuge.

Assoziationen zum Begriff Streit

- Zum Streiten gehören zwei
- Man streitet um etwas
- Streiten für etwas
- Manchmal streitet man um des Kaisers Bart
- Manchmal sogar, wenn der gar keinen hat
- Man kann um Worte streiten
- Um Dinge
- Um Besitz

- Um Überzeugungen
- Ein Streit wird schlimmer, wenn sich ein Dritter einmischt
- Ein Streithammel.

Assoziationen zum Begriff Angst

- Angst einem anderen Menschen gegenüber
- Angst vor einem Tier
- Vor einer drohenden Gefahr
- Vor einer unangenehmen Situation, in die man geraten könnte
- Vor einer Prüfung
- Angst kann helfen, vorsichtig und überlegt zu handeln
- Angst kann lähmen.

Solche Assoziationsübungen reizen die Kinder of spontan zum Darstellen, und aus der Begriffssammlung läßt sich leicht ein Ratespiel entwickeln. Wem eine neue Assoziation gekommen ist, der nennt diese nicht, sondern spielt sie vor.
Aus solchen kleinen Rateübungen lassen sich ganze Szenen entwickeln, wenn zum Beispiel die Hutverwechslung im Restaurant nicht nur pantomimisch dargestellt wird, sondern wenn der, dem der Hut gehört, im letzten Moment den anderen als vermeintlichen Dieb zur Rede stellt. Aus dieser Grundkonstellation wiederum lassen sich verschiedene Szenen entwickeln:
- Der Mann, der den falschen Hut mitgenommen hat, kommt nach kurzer Zeit wieder und versucht, ihn un-

bemerkt zurückzuhängen, um nicht in den Verdacht zu geraten, ein Dieb zu sein. Er bemerkt plötzlich mit Schrecken, wie ihn alle anderen Gäste anstarren.
- Es kommt zum Handgemenge mit dem Besitzer des Hutes, der ihn beim Aufsetzen beobachtet.
- Der Besitzer entdeckt seinen Verlust, schlägt Radau und verlangt, den Geschäftsführer zu sprechen. Während die beiden verhandeln, kommt der Mann mit dem falschen Hut zurück und klärt die Situation auf.
- Es ist wirklich ein Dieb in Aktion, der sich den wertvollsten Hut aussucht und dabei besonders harmlos tut.

Spielregeln

Der geplante Einsatz dieser Spielform als Thema einer Spielstunde muß genau organisiert werden. Dafür gilt es, Regeln zu vereinbaren:
- Die Gesamtgruppe teilt sich nach Neigung oder durch Los in zwei oder drei Kleingruppen.
- Beim ersten Spielen bekommen alle Gruppen das gleiche Reizwort.
- Jede Gruppe bespricht sich in einer Ecke des Spielraumes und überlegt sich eine Szene. Nach einer vereinbarten Beratungszeit von etwa fünf bis zehn Minuten spielen sich die Gruppen ihre Szenen gegenseitig vor.

Zum Schluß werden die Vorführungen der Reihe nach besprochen. Jede Gruppe berichtet selbst, wie sie zu ihrer Szene gekommen ist, stellt ihre Einfälle, Schwierigkeiten und Entscheidungen dar, deutet an, was sie nach den gemachten Erfahrungen jetzt besser machen würde. Die anderen äußern sich ebenso dazu. Das ergibt Erkenntnisse über den Einsatz von Reizwörtern als Spielanstoß:

- Das Spiel muß einen deutlich erkennbaren Anfang (Einstieg) haben und einen klaren Schluß.
- Das Reizwort kann auf verschiedene Weise ins Spiel gebracht werden:
- Am wenigsten befriedigt es, wenn es nur zu Anfang auftaucht und dann überhaupt keine Bedeutung mehr hat.
- Es wird dauernd genannt, hat aber kaum eine Bedeutung für das Spiel.
- Es taucht erst als Höhepunkt der Szene auf, und die Zuschauer merken erst dann, daß es sich um diesen Begriff handelte. Das muß genau vorbereitet werden, um zu klaren Vorstellungen vom Gesamtablauf der Szene zu führen.
- Am besten ist das Reizwort dauernd im Spiel und prägt die Handlung.

Weiterarbeit

An einer der vorgeführten Szenen wird weiter gearbeitet. Schriftlich wird das Handlungsgerippe, wie weiter oben beschrieben, festgehalten und mit wechselnden Besetzungen angespielt.
Nach einer solchen Besprechung und Nachbereitung, oder beim nächsten Mal, werden noch kleinere Gruppen zu je drei bis vier Spielern gebildet. Aus einer

Sammlung von Reizwörtern ziehen sie je eines. Jede Kleingruppe setzt ihr Reizwort für die anderen in eine Szene um. Wenn die Spieler noch wenig Erfahrung haben, werden nur ganz konkrete Begriffe benutzt. Bei den anschließenden Vorführungen bildet es einen zusätzlichen Reiz, wenn die zuschauenden Kleingruppen das Wort raten müssen, das der Szene zugrunde liegt. Zum Beispiel können die Wörter aus folgender Sammlung genommen werden:
Polizist – Uhr – Paket – Bus – Zaun – Koffer – Schiff – Brett – Gitarre – Flasche – Schaffner – Füller.

Zwei Reizwörter

Für eine spätere Übung wird eine zweite Wortliste angelegt, in der emotionale Aspekte formuliert sind. daraus zieht jede Gruppe auch einen Begriff, der beim Spielen der Szene festlegt, in welcher Stimmung sie gespielt werden soll.
Diese zweite Wortliste könnte folgende Wörter enthalten: Angst – Wut – Mitleid – Schrecken – Freude – Geiz – Trotz – Angeberei.
Diese Liste wird mit den Spielern zusammen aufgestellt, so werden nur Begriffe aufgenommen, mit denen die Kinder etwas anfangen können. Wird nun einer davon mit einem der Wörter der ersten Liste gekoppelt, so lenkt es die Darstellung in eine bestimmte Richtung. Zum Beispiel aus der ersten Liste:

Zaun

- Gekoppelt mit Angst: Da muß ein kleines Mädchen an dem Zaun vorbeigehen, hinter dem ein großer schwarzer Hund lauert.
- Mit Wut: Ein Junge steht vor dem Zaun und ärgert einen anderen, der dahintersteht. Vergeblich versucht dieser, über den Zaun zu klettern, um den anderen zu verprügeln.
- Mit Mitleid: Ein Kind hat sich beim Überklettern des Zaunes verletzt. Ein anderes tröstet es und hilft ihm, nach Hause zu humpeln.
- Mit Schrecken: Ein Apfeldieb kriecht durch ein Loch im Zaun, wird aber entdeckt. Beim Flüchten durch das Loch bleibt er mit der Kleidung hängen.
- Mit Freude: Zwei Kindern fliegt der Ball über einen Zaun auf ein Grundstück. Sie wissen, dort lebt ein großer Hund. Die freundliche Besitzerin wirft ihnen den Ball zurück.
- Mit Geiz: Ein Pfirsichpflücker wird vergeblich gebeten, einem Kind einen Pfirsich über den Zaun zu reichen.
- Mit Trotz: Eine Mutter verbietet dem Kind, über den Zaun zu klettern. Es ist zu faul, auf der anderen Seite des Grundstückes das Tor zu benutzen, um seinen Spielkameraden auf dem Nachbargrundstück zu besuchen. Das Kind bleibt uneinsichtig und steigt „nun gerade" über den Zaun.
- Mit Angeberei: Ein Kind nimmt den Mund zu voll. Es behauptet, über einen mit Stacheldraht gesicherten Zaun klettern zu können. Der Versuch scheitert,

und die anderen müssen den Angeber befreien, der hilflos hängen geblieben ist.

Bei solchen selbst erfundenen und „inszenierten“ Szenen nach einer Kombination aus zwei Reizwörtern erfahren die Spieler manches über das dramatische Grundmuster für spannende kleine Szenen. Erste Einsichten in dramatische Gesetze werden so gewonnen.

Reizsituationen

Eine Reizsituation kann den Spielern verbal beschrieben werden. Sie kann aber auch als konkrete Zusammenstellung von Gegenständen und Personen vorgegeben werden. Die Gestaltung einer verbalen Vorgabe ist schwieriger in Spiel umzusetzen, weil dazu die konkreten Figuren, Objekte und Örtlichkeiten selbst gefunden und spielerisch gestaltet werden müssen.

Zwischen Eindeutigkeit und Beliebigkeit

Eine solche Reizsituation muß den Mittelweg einhalten zwischen Eindeutigkeit der Situation und zu großer Beliebigkeit. Situationen, die beide Extreme vermeiden, könnten etwa folgende sein:

Für eine Person

- Ein Verletzter liegt am Boden,
- Jemand sucht etwas,
- Ein Kind läßt Bananenschalen auf den Fußweg fallen,

Für zwei Personen

- Verabreden am Telefon,
- Einkaufen auf dem Markt,
- Fahrkartenkontrolle im Zug,
- Streit um den Fensterplatz im Zug,

- Gespräch über Lehrer,
- Fragen nach dem Weg,
- Vorwürfe und Entschuldigungen bei Verspätung.

Für mehr Personen

- Zwei Kinder ärgern ein drittes,
- Drei Mädchen treffen sich, beiden ist es langweilig,
- Zwei Leute sind mit ihren Fahrrädern zusammengestoßen, der Polizist will schlichten.

Für Personen und ein Objekt

- Zwei Kinder haben ein Portemonaie gefunden,
- Zwei Kinder steigen über einen Zaun und klauen Äpfel,
- Drei oder vier Leute tragen zusammen einen sehr schweren Gegenstand,
- Mitten im Raum steht eine Stehleiter,
- Einer Frau ist die volle Einkaufstasche geplatzt,
- Kinder wollen eine Flasche aus dem Bach holen,
- In der Ausstellung hängt ein Bild verkehrtherum.

Komische Situationen

- Jemand versucht vergeblich, einen vollen Koffer zu schließen,
- Ein Junge steht am Straßenrand kopf, andere kommen dazu,
- Jemand versucht, im Dunkeln eine Tür aufzuschließen.

Gestaltung

Eine solche reale Situation wird vom Spielleiter auf der Spielfläche mit Gegenständen und mit Kindern nachgestellt. Diese Situation soll für die übrigen Kinder Aufforderungscharakter besitzen. Sie sollen sie spielerisch weiterführen, verändern oder einer Lösung näherbringen. In einer ersten Phase stellt ein Spieler oder eine Gruppe die Ausgangssituation dar, die zum Spielen reizen soll. Wer aus der Gruppe einen Einfall hat, spielt den andern vor, was er sich vorgestellt hat. Umgekehrt kann aber nach Stellung der Situation erst besprochen werden, welche Möglichkeiten drin stecken, bevor die ersten Versuche gemacht werden. Die zweite Möglichkeit ist oft besser, weil sie den Kindern mehr Einsichten in die Regeln vermittelt, nach denen eine Szene gebaut werden muß. Hat die Gruppe schon in dieser Richtung gearbeitet, wird vor der Spielübung von allen gemeinsam oder in Gruppen das Handlungsgerippe der geplanten Lösung erarbeitet.

Der Fußball

Auf der Spielfläche liegt ein schlapper Fußball, daneben eine Ballpumpe. Die Spieler wissen, durch bloßes Darstellen einer einzelnen Handlung darf das Spiel nicht beendet werden. Das Aufpumpen des Balles reicht hier also nicht aus, sondern es gehört zu den „Spielregeln", daß jede Handlung Folgen haben muß. Störungen, Überraschungen können auftreten, weitere Personen erscheinen und greifen ein. Das kann der Handlung eine ganz neue Richtung geben, auf die die bisherigen Spieler einzugehen haben.

Die Spielphasen dieses Beispiels könnten etwa so aussehen:

- *Der Fußball wird von zwei Spielern zufällig gefunden. Sie versuchen, damit zu spielen. Er ist aber zu schlapp.*
- *Ein dritter Spieler kommt dazu, findet die Ballpumpe und pumpt den Ball auf.*
- *Alle drei spielen mit dem Ball.*
- *Der Besitzer des Balles taucht auf. Es gibt Streit.*
- *Zwei streiten mit dem Besitzer, der dritte läßt die Luft wieder ab, alle drei laufen mit der Pumpe lachend weg.*
- *Der Besitzer zeigt durch sein enttäuschtes Verhalten, wie töricht der Streit war. Er läuft hinter den anderen her, und man kann vermuten, sie werden sich einigen und zusammen weiterspielen.*

Der Papierkorb

Ein umgekippter Papierkorb liegt auf der Spielfläche, sein Inhalt liegt weit verstreut herum. Die Spielphasen dieses Beispiels könnten etwa so aussehen:

- *Zwei Spieler entdecken die Bescherung. Sie sammeln die verstreuten Papiere auf.*
- *Sie entdecken Teile eines zerrissenen Briefes, die ihnen interessant vorkommen. Sie versuchen, den Brief wieder zusammenzusetzen.*
- *Das gelingt fast vollständig. Sie lesen den Brief und*

erfahren, ihr Vater hätte Schwierigkeiten in seiner Firma.
- *Sie holen ihre Schwester und erzählen ihr brühwarm die Neuigkeit, von der sie noch nichts wissen sollten.*
- *Die Mutter kommt dazu. Was nun?*

Situationen, die die Kinder aus eigner Erfahrung kennen oder sich vorstellen können, werden kommentarlos angeboten, weil sie aus sich selbst heraus zur spielerischen Auseinandersetzung reizen. Dabei muß der Spielleiter seine eigenen Vorstellungen zurückdrängen und jede Lösungsmöglichkeit anerkennen. Es kann sein, daß es für die Spieler oder einen von ihnen besonders wichtig ist, gerade so zu spielen, weil es sein Problem ist, was er da spielerisch verarbeitet. Originelle, witzige Lösungen sollten besonders positiv vermerkt werden.
Eine reizvolle Möglichkeit ist hier wieder, in kleinen Gruppen mögliche Handlungsabläufe planen und vorbereiten zu lassen, die dann den andern vorgespielt werden. Hier werden dann oft viele unterschiedliche Lösungen gefunden. Im Anschluß an die ersten Spielvorführungen werden die Unterschiede besprochen. Dabei kann sich ergeben, daß die Kinder ihre eigenen Verhältnisse und Einstellungen analysieren lernen und – im Idealfall – durch das Spielerlebnis sogar Verhaltensänderungen erfolgen werden.
Weitere Situationen mit starkem Aufforderungs- und Identifikationscharakter als Ausgangspunkt für spielerische Auseinandersetzungen mit eigner Erfahrung könnten zum Beispiel sein:
- eine zerbrochene Vase
- eine zerrissene Hose
- ein beschädigtes Spielzeug

- eine angebrochene Tafel Schokolade
- eine beschmutzte Tischdecke
- eine verlorengegangene Tasche
- ein fehlendes Buch.

Sprechanlässe

Das Handeln des Menschen ist fast untrennbar mit dem Sprechen verbunden. Mimik und Gebärde können es im Rahmen der Pantomime zwar weitgehend ersetzen, dem darstellenden Kind aber bereitet es Schwierigkeiten, ohne das Wort auszukommen. Eben deshalb sind stumme Darstellungen gute Vorausübungen zum Spielen von Situationen, in denen das Sprechen „die Hauptsache" sein soll:
Kinder neigen dazu, wenn sie sich in einer Sprechsituation darstellerisch äußern sollen, viel und ungenau zu reden. In mimischen Vorübungen erkennen sie, daß wenig Dialog oft besser und verständlicher wirkt als vieles „Gerede".
Eine Situation, in der es um die Übermittlung von Gefühlen und Befürchtungen, von Rat und Trost, von exakten Informationen geht, läßt sich stumm nicht ganz lösen, der Anlaß verlangt nach Sprache. Trotzdem wird eine solche Situation zuerst nur mimisch gespielt. Das Wort wird erst zugelassen, wenn es ohne seinen Einsatz nicht mehr geht. Die Kinder erkennen daran, wo das Wort nötig und wo es überflüssig ist, wo es situationsgerechtes Reagieren unterstützt oder hemmt.

Mauerschau

Im folgenden Beispiel, das der Mauerschau des Dramas nachempfunden ist, sehen die Zuschauer selbst nichts. Sie müssen aus den Gesten, der Mimik und schließlich aus den Worten ablesen, was geschieht:

Das Guckloch im Zaun

Zwei Spieler stellen sich als Zaun auf. Mit den Händen bilden sie ein Guckloch. (Der Zaun und das Guckloch können auch auf andere Weise dargestellt oder symbolisiert werden) Ein Spaziergänger kommt vorbei und schaut durch das Guckloch. Die beobachtenden Gruppenmitglieder versuchen zu erraten, was es hinter dem Zaun zu sehen gibt. Das ist ohne Sprache sehr schwer. Ein zweiter Spaziergänger schlendert heran und nähert sich neugierig dem ersten. Er fragt ihn, was es da zu sehen gäbe, und bekommt von dem ersten Antwort. Nach einer Weile räumt der andere den Platz, so daß er selbst hindurchschauen und jetzt beschreiben kann, was er sieht.

Wenn die beiden Spieler sich vorher verabredet haben, so kann aus der Szene für die Zuschauer eine Rateaufgabe werden. Die beiden müssen bei ihrem Gespräch nur vermeiden, zu genaue Angaben über das zu machen, was sie da sehen:

- Eine Zirkustruppe, die gerade das Zelt aufbaut
- Eine Baustelle
- Einen Fußballplatz
- Ein Schwimmbad
- Einen Schulhof
- Eine Reitbahn.

Am Telefon

Es ist nicht leicht, ein Telefongespräch darzustellen, wenn man sich den Gesprächspartner nur vorstellt. Deshalb ist es nützlich, zunächst mit zwei Spieltelefonen wirklich ein Telefongespräch zwischen zwei Partnern vorspielen zu lassen, während die übrige Gruppe zuhört und beobachtet. Wird dann das eine Telefon in einen anderen Raum gestellt, so daß die Zuschauer nur den einen der Sprechpartner sehen und hören können, so wird das Zuschauen und Zuhören für sie reizvoller, weil sie sich die Worte des anderen ergänzen müssen, um die Zusammenhänge zu erkennen. Die Darsteller müssen genau wissen, worüber sie sprechen wollen. Eine wichtige Erkenntnis: Wenn man kein Thema hat, wird das Sprechen am Telefon ganz schnell „Gelaber", Gekicher oder es verebbt ganz. Mimt einer allein Telefonieren, so muß er sich das, was der andere sagt, selbst ergänzen. Das ist nicht leicht. Die Frage nach der Uhrzeit oder der Abfahrt des nächsten Zuges reicht hier nicht, wohl aber eine Verabredung zum Picknick, zum Kindergeburtstag, eine Beschreibung der heutigen Erlebnisse in der Schule, die man einem erkrankten Freund gibt.
Je nachdem, wie die Situation des Telefonierenden ist, wird die Reaktionsweise verschieden sein:
Man ruft von zu Hause aus an:
- Einen Freund
- Bei der Auskunft
- Um sich bei jemandem zu entschuldigen
- Um bei der Klavierstunde abzusagen

Man ruft von der Telefonzelle aus an:
- Zu Hause, weil man sich verspätet hat

– Zu Hause, weil man noch ins Kino will
– Weil man das Geld für die Rückfahrt verloren hat (und sich 20 Pfennig von einer freundlichen Frau hat schenken lassen)

Man wird selbst angerufen:
– Der Anruf wurde erwartet
– Er kommt überraschend
– Es war falsch verbunden
– Der Anruf kommt ungelegen
– Es wird eine gute Nachricht übermittelt
– Eine schlechte.

Aus einem solchen Spiel läßt sich nach einigen einstimmenden Übungen ein reizvolles Beobachtungsspiel für die ganze Gruppe entwickeln. Der telefonierende Spieler wird von den anderen beobachtet, sie versuchen, herauszuhören, mit wem er telefoniert und was der Inhalt des Gespräches ist. Das kann mit Dialog geschehen aber auch als stummes Spiel.

Weitere Spielsituationen, die zwingende Sprechanlässe enthalten, könnten sein:
– Ein Marktverkäufer preist seine Waren an, Kunden treten heran.
– Ein Schalterbeamter verkauft Fahrkarten und berät die Leute, die an den Schalter treten und verreisen wollen.
– Jemand sucht in einer fremden Straße nach einer bestimmten Hausnummer. Ein Vorübergehender wird angesprochen.
– Ein Mädchen hat sich das Bein gebrochen. Es sitzt auf der Straße. Zwei Vorübergehende helfen.
– Ein Junge geht auf dem Bürgersteig entlang und läßt achtlos ein Bonbonpapier fallen. Erwachsene spre-

chen ihn darauf an und ermahnen ihn (verschieden), doch so etwas nicht zu tun.

- Ein Passant findet ein Portemonaie. Andere treten hinzu und beraten, wer es wohl verloren haben könnte und wie man es ihm am besten zurückgeben könnte.
- Einer Frau begegnet ein weinendes Kind.
- Zwei Kindern ist der Ball in einen Garten geflogen. Sie beraten, wie sie ihn am besten wiederbekommen könnten.

Nun soll zu dieser Spielform noch ein Beispiel ausführlicher dargestellt werden, das ausgiebige Sprechanlässe bietet:

Die verlorene Handtasche

Eine Frau kommt vom Einkaufen zurück, sie vermiß ihre Handtasche mit 50 Mark. Verschiedene Reaktionsweisen sind möglich. Vier davon könnten sein:

- *Die Frau macht sich im Selbstgespräch Vorwürfe wegen ihres nachlässigen Verhaltens. Sie klingelt bei der Nachbarin und jammert über ihre verlorene Tasche. Im weiteren Verlauf kommt ihr der Gedanke, die Tasche könnte ihr im Laden gestohlen worden sein. Sie erinnert sich sogar an eine Person, der sie das sofort zutrauen würde. Die Nachbarin stimmt ihr zu und hilft ihr beim Jammern. Schließlich beklagen beide gemeinsam die Unehrlichkeit der Leute von heute. Eine weitere Nachbarin kommt herbei. Sie beruhigt die anderen und schläft vor: „Fragen Sie doch zuerst einmal im Geschäft nach, ob die Tasche sich dort nicht angefunden hat."*

- *Die Szene verläuft zu Beginn wie die vorige. Die Nachbarin kommt auf den Gedanken, in allen Geschäften anzurufen, wo die Frau eingekauft hat. Sie führt das auch aus, während die beiden Nachbarinnen ihr gute Ratschläge zuflüstern. Wenn sie die Auskunft bekommt, daß die Handtasche gefunden worden ist, schämt sie sich über ihr Mißtrauen.*
- *Die Frau geht von Geschäft zu Geschäft und fragt nach ihrer Tasche. Im vorletzten Geschäft will die Verkäuferin die Tasche bei ihr noch gesehen haben. Also macht sie der Verkäuferin im letzten Geschäft heftige Vorwürfe und verdächtigt sie, die Tasche unterschlagen zu haben. Schließlich tritt eine Nachbarin herzu und übergibt ihr die Tasche. Sie hatte gesehen, wie sie ihr vom Einkaufswagen gefallen sei. Statt sich bei der Verkäuferin zu entschuldigen, macht die Frau ihr weitere Vorwürfe: Sie hätte ihr nicht deutlich genug gesagt, nichts von der Tasche zu wissen.*
- *Die Frau geht zum Fundbüro, als sie merkt, daß ihr die Tasche fehlt. Dort erfährt sie, daß ein junger Mann die Tasche schon abgegeben hat. Nun muß sie noch den Inhalt der Tasche beschreiben. Es ist ihre Tasche, aber sie behauptet, es wären 100 Mark darin gewesen, statt der vorhandenen 50 Mark. Sie beschuldigt sogar den jungen Mann, das Geld herausgenommen zu haben. Daraufhin soll sie die Tasche auf dem Fundbüro lassen, bis der Fall eindeutig geklärt ist. Da tut sie plötzlich so, als könnte sie sich noch einmal erinnern, die fraglichen 50 Mark vorher ausgegeben zu haben. Der Beamte händigt ihr die Tasche aus, zieht aber von den vorhandenen 50 Mark den Finderlohn ab. Sie rauscht wütend davon.*

Spielanstoß durch eine Bewegung

Durch geschickt und überlegt gegebene Spielanstöße des Spielleiters kann sich eine einfache Ausgangsübung zu einer dramaturgisch aufgebauten Szene ausweiten. Das wird umso besser gelingen, je geübter die Gruppe ist. Dabei braucht die Szene schließlich mit der Ausgangsbewegung nichts mehr zu tun zu haben, sondern kann sich selbständig entwickeln.

Säcke tragen

Zum Beispiel übt die Gruppe Tragen von schweren Gegenständen. Koffer, Taschen, Stühle, ein langer Balken werden über die Spielfläche getragen. Die Beobachter helfen und verbessern. Schließlich schleppen mehrere Spieler große Säcke, die andern schauen zu. Der Spielleiter merkt: daraus könnte sich eine interessante Spielszene entwickeln:
Die Spieler ächzen mit den schwer gemimten Säcken über die Spielfläche. Der Spielleiter fragt: „Was ist so Schweres in euren Säcken?" Die Spieler schlagen vor: „Sand! – Kohlen! – Korn!" Schließlich einigen sich alle darauf, die Säcke sollen Korn enthalten. Der Spielleiter fragt weiter: „Wohin tragt ihr die Säcke?" Einer ruft spontan: „Auf ein Schiff!"
Jetzt helfen frühere Übungen, ein Schiff zu bauen, die an anderer Stelle schon beschrieben worden sind. Wenn das Schiff fertig ist, kann es beladen werden:
Die Sackträger gehen gebückt unter ihrer Last auf das Schiff zu. Durch Heben der Beine zeigen sie, daß sie

über eine schräge Gangway auf das Deck gelangen. Dort schütten sie die Säcke aus. Dabei stoßen sie Zischlaute (das Rieseln des Kornes) und Seufzer der Erleichterung aus. Ohne Last gehen sie denselben Weg zurück, den sie gekommen sind. Der Ausgangsanstoß zum Darsstellen ist jetzt erledigt. Die Sackträger setzen sich am Spielfeldrand nieder und warten auf neue Aufgaben. Der Spielleiter gibt das Zeichen zur Abfahrt des Schiffes. Es setzt sich in Bewegung. Bald muß den wartenden Spielern eine Aufgabe angeboten werden, denn das Schiff kann nicht allzulange unter Volldampf stehen. „Piraten in Sicht!" ruft der Spielleiter. Das ist allen willkommen, die Spannung steigt. Die ehemaligen Sackträger beraten sich kurz. Aus einer Ecke heraus rudern sie auf das Schiff zu. Dazu setzen sie sich zwei zu zwei hintereinander auf den Boden und mimen Rudern. Dann lösen sie das Boot auf und mimen Hochklettern, zunächst liegen sie dazu auf dem Bauch, richten sich allmählich immer weiter auf und springen schließlich an Bord. In kurzem Kampf überwältigen sie Steuermann mit Steuerrad und Schornstein, die sich in Besatzung verwandelt haben.

Jetzt besteht die Gefahr, daß das Spielen in eine Rangelei umschlägt. Der Spielleiter ruft: „Kampf beendet! Die Piraten übernehmen das Schiff!"

Steuermann, Steuerrad und Schornstein werden jetzt von drei Piraten dargestellt. Die vorherigen Spieler werden gefesselt (gekreuzte Arme) und zum Heck geschoben. Der Spielleiter ruft: „Ein Sturm zieht auf!" Das Schiff beginnt zu schwanken; die Spieler stoßen heulende Laute aus. „Schiff strandet!" ruft der Spielleiter und „Insel in Sicht!" Alle schwimmen an Land, auch die Spieler, die bisher das Schiff dargestellt haben, verwandeln sich in Schwimmer und liegen nach dramatischer Überwindung der Brandung und Rettung schwacher Schwimnmer erschöpft am Strand.

Hier könnte das Spiel natürlich noch weitergehen:

- Es zeigt sich, das Schiff ist nicht untergegangen, sondern kann bei Ebbe trockenen Fußes erreicht werden. Die Ausgangsbewegung kann also wieder aufgenommen werden, und das Schiff wird entladen.
- Eine Robinsonade läuft auf der Insel ab.
- Ein Floß wird gebaut und die Insel verlassen.
- Ein Hubschrauber rettet die Schiffbrüchigen.

Spielanstoß durch einen Rhythmus

Rhythmen sind für Kinder zwingend. Sie erzeugen in ihrem Innern einen Gleichklang, der eine Bewegung auslöst. Das kann ein Nicken mit dem Kopf sein, ein Fingertrommeln, ein leichtes Stampfen, ein Wiegen des Körpers oder auch eine Bewegung im Raum. Es entsteht dadurch gleichsam ein Lustgefühl, ein genußvolles „Sich-vom-Rhythmus-tragen-lassen." Das kann ausgenutzt werden, um Kinder zu fast tänzerischem Bewegungsausdruck zu bringen.
Als Rhythmusinstrumente eignen sich dazu: Handtrommel – Päukchen – Becken – Triangel – Klangstab – Rassel.
Welches Instrument gewählt wird, hängt davon ab, welche Bewegungscharakteristik angestrebt wird. Ein Bewegungs- und Darstellungsanstoß könnte folgendermaßen ablaufen:
Die Kinder sitzen anfangs im Kreis oder gruppieren sich frei auf dem Fußboden des Spielraumes. Der Spielleiter oder ein Kind schlägt auf einem Instrument einen Rhythmus. Nach einer kurzen Zeit ruhigen Zuhörens nehmen sie den Rhythmus auf: Einige wiegen den Kopf, andere schwingen mit dem Oberkörper hin und her, trommeln mit den Fingern den Rhythmus auf den Fußboden. Der Rhythmusschläger wechselt vom Zweiertakt in einen Hopser über, laut und leise. Das spiegeln die Kinder alsbald in ihrem Bewegungsrhythmus wider. In einer nächsten Stufe gehen die Kinder im Raum umher und setzen den Rhythmus in Bewegung um, die manchmal bis ins Tänzerische gehen kann.

Solche Bewegungsübungen eignen sich gut als Einstieg in die Übungsstunde. Sie lassen die Kinder frei werden von den Vorerlebnissen, lockern sie auf und stimmen sie gleichzeitig aufeinander und auf den Leiter ein. So wird guter Wille geschaffen, und die Bereitschaft zum Darstellen wächst, zum gelösten Aussichherausgehen.
Rhythmen können aber auch die Spielgruppe anregen, eine Szene zu gestalten wie zum Beispiel die folgende:

Die Ritter

Zu Beginn der Spielstunde hopsen und traben die Kinder zu verschiedenen Rhythmen im Raum umher. Die Schlagfolge ist so zwingend, daß einige Kinder unwillkürlich ihre Hände so halten, als ob sie auf Pferden säßen und die Zügel in Händen hielten. Der Rhythmus wechselt von laut zu leise, von hell zu dunkel, von hart zu weich. Dumpf, das klingt, als ob man über eine Brücke reitet, das merken die Kinder schnell. Der Spielleiter gibt den Auftrag: Reitet so nach meinem Rhythmus, daß zu erkennen ist, auf welchem Untergrund ihr euch bewegt: Straße, Waldboden, Sandboden, Kiesfeld.
Ob Schritt, Trab oder Galopp geritten wird, das muß ausprobiert werden:
Dadamm – dadammm – dadamm, das klingt nach Galopp, da, da, da ... ist Trab und da – da ... da – da, das ist Schritt.
Aus solchem verschieden schnellem Reiten auf unterschiedlichem Untergrund entwickelt sich durch Spielleiterimpuls eine Spielszene:
Was könntet ihr denn sein, wohin könntet ihr reiten?

Das könnte etwa folgende Vorschläge ergeben:
- Wir reiten als Jäger durch einen Wald und jagen ein Wild,
- Wir reiten ein Rennen auf der Flachbahn,
- Wir sind Springreiter beim Turnier,
- Wir sind Ritter, schwergepanzert beim Turnier,
- Die Ritter wollen eine Prinzessin befreien.

Der letzte Vorschlag soll gespielt werden:
Eine größere Gruppe spielt die Ritter. Eine kleine Gruppe setzt sich an Orff-Instrumente und schlägt – zuerst unter Anleitung des Spielleiters – einige Reitrhythmen. Das klappt nach einigen Versuchen. Die Ritter nehmen den Rhythmus auf und reiten dazu im Kreis. Die zuschauenden Kinder reizt es bald zum Mittun. Sie unterstützen den Rhythmus durch Klatschen. Durch Schnalzen und Knarren mit dem Mund begleiten sie rhythmisch das Reiten: Daraus entwickeln sich klangmalende Wörter:
- *Auf der Straße klingt der Trab wie Tack, tack, tack, tack,*
- *Galopp klingt dort wie Panpattapan,*
- *Auf dem Waldboden klingt Trab wie Dogg, dogg, dogg, dogg,*
- *Der Galopp klingt wie Bombaddabom.*

Das wird durch Spielleiterimpulse mehrfach ausprobiert, bevor es an das Festlegen einer Spielhandlung geht: Die Ritter wollen die Prinzessin befreien, die sich in der Gewalt des fürchterlichen Drachen befindet. Dafür werden die Spielstationen und die Personen bestimmt:
- *Drei Ritter stellen sich vor und zeigen ihre Reitkünste.*

- *Die Ritter werden vom König gebeten, seine Tochter zu befreien.*
- *Sie reiten in den Wald, um die Höhle des Drachen zu suchen, dabei passieren sie verschiedene Untergründe: Straße – Brücke – Waldboden – felsigen Untergrund.*
- *Ein Männlein verperrt ihnen den Weg. Es verspricht ihnen Hilfe, als sie berichten, was sie vorhaben.*
- *Eine Hexe verzaubert sie.*
- *Das Waldmännchen rettet sie und verjagt die Hexe.*
- *Sie finden die Höhle und locken den Drachen ins Freie.*
- *Sie kämpfen mit dem Drachen und besiegen ihn.*
- *Sie reiten mit der befreiten Prinzessin nach Hause.*
- *Der König dankt ihnen, und sie reiten eine Ehrenrunde.*

Das Ausprobieren der verschiedenen Spielstationen, das Beurteilen durch die Zuschauer, die Experimente mit den Instrumenten und den Mundgeräuschen werden mit einem Erzählspiel abgeschlossen: Der Spielleiter erzählt die Handlung wie ein Märchen, und die Spieler mimen dazu nach den Klängen der Instrumente und den Rufen der zuschauenden Kinder.

Spielanstoß durch Musik

Auch Musik bringt Kinder ganz spontan in Bewegung. Sie drehen sich wie selbstvergessen, schreiten und springen fantasievoll über die Spielfläche. Musik ist also ein gutes Medium der Auflockerung zu Anfang einer Übungsstunde, sowie zum Ausklang. Dabei ist es unerheblich, ob der Spielleiter selbst ein Instrument spielt, ein Tonband oder eine Platte laufen läßt. Nur eine einfache, geradlinige, bewegte Melodie soll es sein, zu der sich die Kinder leicht bewegen können. Das braucht kein Tanz zu werden. Besser ist es, wenn die Kinder eigne Figurationen erfinden, sich fallenlassen, am Boden rollen, aufspringen, schreiten, hüpfen, mit den Armen schwingen. Viel Platz muß vorhanden sein, damit sich jedes Kind entfalten kann. Deshalb darf die Gruppe nicht zu groß sein. Etwa 4 Quadratmeter sollten für jedes Kind für solche Übungen zur Verfügung stehen.
Auf solchem Bewegen aufbauend, kann Musik zum Darstellen hinführen und anregen, Kreativität fördern. Es ist reizvoll, durch Musik Vorstellungen zu erzeugen, auf die das Kind spielerisch reagieren kann. Das wird zuerst an lautmalenden Geräuschen gelernt, zu denen sich Vorstellungen spontan aufdrängen. Dann wird einfache Musik eingesetzt, etwa eine rhythmische Tonfolge, ein sich wiederholendes Motiv. Dafür benutzen die Spieler die verschiedensten Instrumente: Flöte, Klavier, Xylophon, Geige. Erst bei ausreichender Übung eignen sich auch Platten oder Kassetten mit klarer Musik und leicht erkennbarer Melodieführung.

Baßxylophon

Die Kinder sitzen zwanglos verteilt mit geschlossenen Augen am Boden. Der Spielleiter schlägt auf dem Baßxylophon eine sich mehrmals wiederholende Tonfolge mit einem schweren, stampfenden Rhythmus. Dann wird über die Vorstellungen gesprochen, die die Kinder beim Hören entwickelt haben:

- Ein Elefant stampft durch den Urwald.
- Eine Dampfwalze arbeitet beim Straßenbau.
- Eine Riese trommelt auf einen hohlen Baumstamm.

Der Spielleiter wiederholt die Tonfolge, dazu stellen einzelne Kinder ihre Vorstellungen dar. Sie finden verschiedene Lösungen:

Das Kind wird selbst der Elefant, oder es kann den Vorbeizug einer Elefantenherde beobachten.

Es kann der trommelnde Riese sein, kann sich aber auch vor Angst verstecken, wenn es ihn erblickt.

Andere Tonfolgen, auf dem Baßxylophon rufen neue Vorstellungen hervor: Gewitter – Wellenschlag – Baumfällen – Lawine.

Blockflöte

Auch hier sitzen oder liegen die Kinder unverkrampft am Boden, während der Spielleiter eine zarte, melodische Tonfolge auf der Flöte spielt. Ungünstig wirkt sich jedes bekannte Lied aus, weil es die Vorstellungen sofort in eine einzige Richtung zwingt. Die Kinder erkennen:

- Vogelgezwitscher,

- leichten Wind in Zweigen,
- den Gesang einer Grille,
- eine Fee im Park,
- ein im Winde tanzendes Blatt,
- wehende Grashalme.

Wieder spielen zur Wiederholung einzelne Kinder vor: *Ein Mädchen liegt ruhig am Boden, sie schläft. Auf einmal lächelt sie, wedelt mit dem Handrücken vor ihrem Gesicht herum, faßt sich an die Nase, erwacht, richtet sich auf und schimpft ihren Bruder aus, der sie mit einem Grashalm gekitzelt hat.*

Spielanstoß durch einen Laut

Auch ein einzelner Laut allein kann beim Menschen eine Reaktion auslösen, ein Gefühl hervorrufen: Neugier – Freude – Unmut – Schreck.
Äußern kann sich dieses Gefühl in einer Bewegung, in einem neuen Laut oder in einer anderen Reaktion. Eine solche Reaktion erfolgt zunächst ganz spontan, noch bevor der Laut oder die Lautquelle identifiziert worden ist. Erst in einer zweiten Phase meldet sich der Verstand des Hörenden und entscheidet, wie weiter reagiert werden soll, ob die erste Reaktion sinnvoll, übertrieben, angemessen oder zu schwach war.
Das bewußt zu machen, ist für den Spieler als Selbsterfahrung interessant, aber auch für den Beobachter, der das Verhalten des anderen als Reaktionskette beobachtet. Ist die Reaktionskette abgelaufen, prüft er, ob sie angemessen, natürlich war oder wie sie hätte ablaufen sollen: Hat der Spieler die Situation, in der er den Laut vernommen hat, richtig gedeutet, hat er spielerisch angemessen darauf reagiert?
Ungeübte Spieler reagieren auf einen Laut zu rasch, zu stark oder zu schwach. Ihre spielerische Reaktion wirkt deshalb nicht glaubhaft. Gezielte Übungen helfen hier dabei, Erfahrungen zu vermitteln, die die Reaktionsbreite und -treffsicherheit verbessern. Der Zuschauer lernt, die Angemessenheit von Reaktionen zu beurteilen.

Reaktionsübungen

Ein bestimmter Laut oder ein bestimmtes Geräusch soll in eine fiktive Situation eingebaut werden, damit sich daraus eine spielerische Reaktion entwickelt:

Die Mücke

Einige Spieler liegen nebeneinander auf dem Fußboden wie im Schlafsaal einer Jugendherberge. Sie mimen Schlafen. Die anderen Gruppenmitglieder sitzen am Rand und beobachten, wie die Schläfer reagieren werden. Diese wissen zwar, daß sie Schlafen im Schlafsaal mimen sollen, aber nicht, was geschehen wird. Sobald die Spieler schlafen, erzeugt der Spielleiter mit dem Mund in verschiedenen Variationen Sirrtöne. Es wird eine Weile dauern, bis die Schläfer den Laut erkennen, und noch eine Weile länger, bis sie darauf reagieren:

- *Einer dreht sich unruhig hin und her, will nicht aufwachen.*
- *Doch dann wischt er sich plötzlich mit der Hand über das Gesicht.*
- *Ein anderer schlägt sich mit der Hand auf den Kopf.*
- *Einer kuschelt sich dann tiefer in seine Decken.*
- *Ein vierter hebt lauschend den Kopf, folgt dem Geräusch und wedelt ab und zu mit der Hand in der Luft herum.*

Von allen wurde der Laut als das Sirren einer Mücke erkannt, die sie im Schlaf störte. Daraus kann bei geübteren Spielern eine kleine Improvisation erwachsen, etwa so: Der Spielleiter gibt einen Impuls in das Spiel. Er be-

hauptet: „Die Mücke wird immer dreister." Darauf wird reagiert:

- *Das Sirren wird verstärkt,*
- *die Schläfer werden unruhiger,*
- *sie wachen auf, schlagen ärgerlich nach der Mücke,*
- *einer springt auf,*
- *ein anderer schlägt mit dem Kopfkissen nach der Mücke, trifft aber einen Kameraden,*
- *die Mücke wird vorübergehend vergessen, bis einer aufschreit und sich selbst eine Ohrfeige gibt, weil ihn die Mücke in die Backe gestochen hat.*
- *Jetzt klebt sie an seiner Hand und alle legen sich wieder zum Schlafen nieder.*

Der Wasserhahn tropft

Wieder schlafen einige Spieler im Schlafsaal. Nach einer Weile wird ein Tropfgeräusch erzeugt, ganz langsam zuerst:

- *Die Spieler werden unruhig, erwachen aber noch nicht.*
- *Schließlich setzt sich einer auf und lauscht intensiv.*
- *Er ruft: „Da tropft etwas!"*
- *Ein anderer: „Ruhe!"*
- *Der erste bleibt hartnäckig: „Doch, da tropft was!"*
- *Allmählich wachen die anderen auch auf.*
- *„Wo tropft es?"*
- *„Du spinnst ja!"*
- *„Mensch, laß uns schlafen!"*
- *„Es hat irgendwo durchgeregnet!"*
- *„Guck doch mal im Waschraum nach!"*

- *„Nö, bin viel zu müde!“*
- *Einer steht auf, tastet sich in Richtung Bad, alle schauen ihm blinzelnd nach.*
- *„Der Hahn ist nicht richtig zugedreht! Das Becken ist randvoll!“*
- *„Das hab ich doch gleich gedacht!“*
- *„Wer war denn zuletzt im Bad?“*
- *„Ich war es nicht!“*
- *„Das war Ingo. Er hat sich nach mir die Zähne geputzt!“*
- *Der Spieler im Bad dreht den Hahn zu (deutliches Mundgeräusch), kommt zurück und legt sich wieder hin.*
- *„Wißt ihr, wie spät es ist? Ein Uhr!“*
- *„Los, schlafen wir weiter!“*
- *Alle sinken wieder in die Schlafstellung zurück und es wird still.*

Für eine solche Improvisation eignen sich viele verschiedene Geräusche als Impulse. Dabei ist es reizvoll, das Gräusch so unbestimmt zu lassen, daß sich ganz verschiedene Situationen daraus entwicklen können.

Stöhnen kann hindeuten
- auf einen Kranken,
- auf einen Verletzten
- aber auch auf jemanden, der sich den Magen verdorben hat,
- vielleicht aber auch auf ein Gespenst.

Ein Knacken der Dielen
- deutet auf einen Dieb hin,
- aber auch auf einen Schlafwandler
- oder auf Einsturzgefahr.

Knistern kann
- von Flammen herrühren,
- aber auch von Mäusen,
- oder von einem, der heimlich Schokolade ist.

Laute können Anstöße zu Improvisationen geben:
- ein leises Geräusch,
- ein regelmäßig wiederkehrender Ton,
- die Lautäußerung eines Tieres,
- eines Menschen,
- das Geräusch, das ein bewegter Gegenstand hervorruft,
- Wind
- Wasser
- Sand.

Solche Übungen bringen wertvolle Erfahrungen für die Spieler. Reiz und Reaktion hängen eng zusammen, der Ausdruck des einzelnen als Reaktion auf den Reiz wird bestimmt von seinem Temperament und seiner augenblicklichen Stimmung. Deshalb sollte auch bei Gruppenimprovisationen jeder einzelne individuell reagieren. Dabei lernt die Gruppe, auf die Spielimpulse einzugehen, die von dem ersten ausgehen, der auf die vorgegebene Situation reagiert und sie interpretiert hat. Daraus kann sich eine reizvolle Szene entwickeln, wenn gewisse Regeln befolgt werden:
- Alle setzen ihre spielerische Darstellung überlegt und wohldosiert ein.
- Jeder muß den anderen Zeit lassen, sich auf die Situation einzustellen und andere miteinzubeziehen.
- Die Reaktionsschritte jedes einzelnen Spielers sollten klar zu erkennen sein.
- Ebenso die Verfassung, aus der er reagiert.

- Und die Richtung, in der er das Spiel und die anderen Spieler lenken möchte.
- Die Darstellungsphasen sollten nicht abgezirkelt wirken. Sie müssen ineinanderlaufen, so daß Zuschauer mit den Spielern zusammen die Reaktionen auf den Laut glaubhaft miterleben können.

Spielanstoß durch ein Spielkleid

Sich zu verkleiden, ist für Kinder eine faszinierende Sache. Mit der fremden, ungewohnten, abenteuerlichen Kleidung scheint etwas von fremder Persönlichkeit zu entstehen. Deshalb ist das Verkleiden oft ein guter Einstieg in eine Spielübung, ein Anstoß, eine Szene zu erfinden, zu improvisieren. Dazu werden einfache Textilien aus der Kleiderkiste bereitgestellt. Diese steht zu Beginn der Spielstunde in der Mitte der Spielfläche. Sie ist geöffnet und einige Stücke hängen wie zufällig über den Rand oder liegen gar daneben. Der Anreiz, sich sofort zu verkleiden ist groß. Eine Einschränkung wird jedoch gegeben: „Überlegt euch, wer ihr sein wollt, wie ihr heißt und was ihr vorhabt. Das alles muß zur Verkleidung passen."

Nach einer festgelegten Zeit stellen sich die Figuren einander vor: Alle setzen sich in einen großen Halbkreis und ein Spieler tritt vor die anderen hin und zeigt sich ihnen in seinem Kostüm. Dann wird er ausgefragt. „Wo wohnst du?" – „Wie heißt du?" – „Wo willst du hin?" – „Was hast du vor?"

Wenn alle ausgesagt haben, die dazu bereit waren, spielen einzelne Kinder kleine Szenen vor, die zu ihrer Verkleidung passen.

Das könnte zum Beispiel so ablaufen:

Hochzeitszug

Ein Spieler findet in der Kiste einen dunklen Hut. Er beschließt, sich als Pastor zu verkleiden, und sucht ge-

zielt weiter. Er findet einen dunklen Umhang und ein weißes Halstuch. Nun möchte er ein Paar trauen. Unter den anderen Verkleideten sucht er sich eine Gärtnersfrau aus und einen Handwerksburschen, um sie zu trauen. Daraus entwickelt sich eine Szene, bei der alle mitspielen können, denn es werden beliebig viele Angehörige und Gäste gebraucht. Zunächst formiert sich ein Hochzeitszug, für den der Spielleiter die Musik übernimmt und auf dem Xylophon einen feierlichen Rhythmus intoniert. Mit dem Pastor voran schreitet das Brautpaar samt Gefolge über die Spielfläche. Zwei Kinder bilden einen Torbogen, durch den der Zug in die Kirche einzieht, bis er vor dem Altar, einem Tisch, stehenbleibt.

Automaten-Kalle

Ein Spieler verkleidet sich als Räuber. Er stellt sich vor: Ich bin der Automatenkalle. Also, wenn ich an diesem Automaten hier – er holt ein anderes Kind als Automaten heran – herumarbeite, um ihn zu knacken, schnappt mich eine Polizeistreife. Die führt mich ab zum Richter. Ich werde zu zehn Jahren Gefängnis verurteilt.
Zu dieser Idee äußern sich die anderen Kinder sachverständig mit Vorschlägen für Gestaltung und weitere Rollen. Eine Polizeistreife wird eingeteilt, ein Richter benannt, Journalisten, Gerichtsdiener, Verteidiger und Publikum bestimmt. Viele müssen sich nun ihrer Rolle gemäß noch etwas umkleiden. Dann beginnt das Spiel: Automaten-Kalle schleicht eine Runde und nähert sich dann dem Automaten – ein Kind steht an der Seite,

beide Arme und Hände als Drücker vor dem Körper angewinkelt – streicht sichernd herum. Die Luft scheint rein. Er stellt sein Tasche an den Automaten, holt pantomimisch Hammer, Zange und Schraubenzieher heraus und hantiert damit am Automaten herum. Der macht brrrr und wedelt wild mit den Händen herum: Er ist geknackt. Deutlich ist zu sehen, wie eine Menge Süßigkeiten in Kalles Tasche fallen, die er unterhält. Da nähert sich die Polizeistreife. Kalle will zuerst fliehen, überlegt es sich dann aber und bleibt unbeteiligt und gelangweilt stehen. Er wird vernommen und verwickelt sich in Widersprüche. Die Polizei untersucht seine Tasche und findet das Diebesgut. Er wird abgeführt und vor den Richter gebracht. Dort wird die Sachlage noch einmal erörtert, der Verteidiger fordert vergeblich Freispruch, die Schuld ist eindeutig, außerdem kennt der Richter Kalle schon als „Dauerkunden". Kalle wird zu einer Woche Gefängnis verurteilt. Er wird abgeführt und ins Gefängnis gesteckt.

Wie sieht das aus:

Die Gruppe findet eine interessante Lösung. In einem Meter Abstand vor einer Wand bilden mehrere bisher wenig beteiligte Spieler eine Kette: ein Gefängnisgitter, Arme angewinkelt, Finger seitlich abgespreizt. Kalle wird dahintergeführt und dort allein gelassen. Er faßt mit typischer Gebärde zwei Gitterstäbe an, schaut zwischen ihnen hinaus und streckt die Zunge heraus.

Diese Szene ruft ein lebhaftes Nachgespräch hervor:

- *„Ich glaube nicht, daß ein echter Einbrecher noch die Zunge herausstreckt."*
- *„Der Richter war viel zu milde, denn Kalle hat ja schon öfters geklaut."*

– *„Kalle hätte die Polizei bemerken und schnell weglaufen müssen."*
– *„Der Verteidiger war eine Flasche!"*
– *Hätte die Polizei schießen dürfen, wenn Kalle weggelaufen wäre?"*

Wenn die Gruppe spielfreudig genug ist, kann eine solche Szene nach der Besprechung von anderen Spielern noch einmal wiederholt und dabei behutsamer und überlegter gespielt werden.

Mimen zu Gedichten

Vorbemerkung

Manche Gedichte reizen zu einer spielerischen Gestaltung. Das kann verschiedene Gründe haben:
- Der Text enthält eine dramatisch umsetzbare Handlung.
- Sprachmelodie, Rhythmus, Reim oder Lautmalerei reizen zu begleitender Gestik und Mimik.
- Das Gedicht ist so bildhaft, daß sich darstellerische Illustration beim Sprechen des Textes anbietet.

Durch eine spielerische Gestaltung wird in vielen Fällen der Text besser erfaßt, wirklich in ihn eingedrungen, das Lernen des Textes geschieht sinnvoller, lustbetonter und leichter. Viele Gedichte für Kinder setzen sich aus Darstellungen aufeinanderfolgender Handlungen zusammen. Solche Sprechpassagen werden spielend begleitet. Das erfordert ein genaues Hineindenken in den Text, ein konkretes Vorstellen der Bewegungselemente und führt zu einem besonders ausdrucksvollen Vortrag.

Hier sollen nun nicht die Möglichkeiten dargestellt werden, ein Gedicht in eine zusammenhängende Szene umzuwandeln. Das ist ein Problem der Dramatisierung, die erst im nächsten Kapitel erörtert wird. In dieser Hinsicht unterscheidet sich die Dramatisierung eines Gedichtes nicht von der eines Prosatextes.

Hier sollen vielmehr zwei Formen der spielerischen, gestischen und mimischen Untermalung und Illustrierung des Gedichtvortrages dargestellt werden:

- Einzelne Sprecher oder eine ganze Gruppe tragen das Gedicht vor und untermalen selbst mit Körperbewegungen und Gestik der Hände geeignete Stellen des Textes.
- Der Spielleiter oder Sprecher tragen das Gedicht langsam vor. Dazu mimen einige Darsteller stumm Teile der Handlung des Gedichtes.

Bei beiden Formen wird die Einheit von Sprechen und Mimen verlangt. Kein Teil darf den anderen überwuchern oder behindern. Deshalb beschränkt sich das Darstellen auf sparsame und eindeutige Bewegungen am Ort.

Die hier folgenden Beispiele haben Modellcharakter. Sie sollen nicht nachgeahmt werden, sondern dienen dem Spielleiter als Anregung zu eigner Gestaltung, die aus dem Beraten und Probieren der Spielgruppe als eigene Leistung erwachsen muß.

Was die Säge singt

(Hanna Hanisch)

Ich bin die Säge,
bin gar nicht träge:
Sittsitt summsumm,
saus ich herum.

Ich nehm die Stücken
auf meinen Rücken:
Sittsitt summsumm,
ob grad – ob krumm.

Bin keine Faule
mit meinem Maule.
I – sitt, i – sitt,
scharf ist mein Schnitt.

Der Stamm zerissen
in kleinen Bissen
I – sitt, i – sitt.
Helft alle mit

Die Erarbeitung dieses Gedichtes könnte folgendermaßen ablaufen:

Bekanntwerden mit dem Text

- Der Spielleiter trägt das Gedicht vor
- Gespräch über den Inhalt des Gedichtes
- Untersuchung des formalen und sprachlichen Aufbaues
- Stückweiser Vortrag in Sinnabschnitten
- Bei der Wiederholung sprechen die Kinder halblaut mit.

Suchen nach untermalenden Bewegungen

Das geschieht im Gespräch mit eingeschobenem Vormachen gefundener Möglichkeiten. Im Text handelt es sich offenbar um eine Kreissäge, denn es heißt „Sittsitt summsumm, saus ich herum." Dazu bietet sich zum Beispiel folgende Bewegung an:
- Beide Hände werden vor dem Körper mit gespreizten Fingern so zusammengeführt, daß die Fingerkuppen sich berühren, um das Blatt der Kreissäge anzudeuten.
- Dieses Gebilde wird vor dem Körper langsam gedreht. Dazu werden die Zeilen 1 und 2 gesprochen.
- Bei den Zeilen 3 und 4 wird die Bewegung schneller. Die Hände werden zu Fäusten und wirbeln in raschem Rhythmus des Textes herum. (Das soll die Grundbewegung während aller Strophen bleiben, in die je nach dem Text entsprechende Varianten eingebaut werden).

- Die Zeile 5 wird von derselben Bewegung begleitet wie Zeile 1 und etwas stakkierend gesprochen.
- Bei Zeile 6 werden die Hände auf den Rücken gelegt, um das Tragen anzudeuten. Der Körper wippt dazu im Rhythmus des Sprechens.
- Die Zeilen 7 und 8 werden wie 3 und 4 gesprochen.
- Während Zeile 8 werden ein krummer und ein gerader Ast mit Gesten angedeutet.
- Zu Zeile 9 wird das Sägeblatt gedreht.
- Bei Zeile 10 wird bei „Maule" der Mund betont in die Breite gezogen und die Zeile auch entsprechend „breit" gesprochen.
- In Zeile 11 zieht der Sprecher die„I" in die Länge und spricht das „sitt" sehr scharf. Der oder die Darsteller ziehen bei „I" den Mund mit den Fingern breit und lassen bei „sitt" die Finger zusammenschnellen.
- Zeile 12 wird in warnendem Ton gesprochen und die zusammengelegten Hände von oben nach unten geschlagen.
- Während der Zeilen 13 und 14 wird das Sägeblatt von links nach rechts und in kleinen Abschnitten rhythmisch auf und ab geführt. Das deutet an, wie die Stücke herunterfallen.
- Die Zeile 15 entspricht der Zeile 11, während bei Zeile 16 mit großen Bewegungen Helfer herangewinkt werden.

Diese Bewegungsgestalt gelingt nicht beim ersten Versuch. Sie entsteht am besten aus gemeinsamen Beratungen und gemeinsamem Ausprobieren.

Schaufensterpuppen

(Herbert Erdmann, aus: „Stadt der Kinder“
Georg Bitter Verlag, Recklinghausen, 1969)

1 *Sie stehen wie Gespenster*
2 *so steif und starr und stumm*
3 *im großen Kaufhausfenster*
4 *und anderswo herum*

5 *Die Frauen heißen Else,*
6 *die Männer Kasimir.*
7 *Sie haben lange Hälse*
8 *und können nichts dafür.*

9 *Denn keine kann sich regen.*
10 *Sie stehen einfach da.*
11 *Und keine weiß weswegen*
12 *das eigentlich geschah.*

Darstellung

Hier wird die Gruppe in Sprecher und Spieler aufgeteilt. Die Sprecher stehen im Kreis um die Spieler herum, die zum Sprechen der anderen stumm agieren. Vor Beginn des Vortrages stolzieren sie steif ein wenig herum, einer vorwärts, einer rückwärts, seitwärts, bis sie gleichmäßig über den Kreis verteilt sind. Dann bleiben sie in den bekannten Posen von Schaufensterpuppen unbeweglich stehen. Jetzt beginnen die Sprecher. Sie betonen zurückhaltend und agieren nur auf das knappste:

- *Zu Zeile 1 zeigen sie auf die Puppen.*
- *Während der Zeilen 2 bis 4 deuten sie selbst das Starre und Steife in Sprache und Haltung an.*
- *Bei Zeile 5 deuten sie mit der Hand auf die Mädchen im Kreis.*
- *Bei Zeile 6 auf die Jungen.*
- *Die Puppen nicken zu Zeile 7 und 8 „mit langen Hälsen".*
- *Die letzten vier Zeilen werden von den Sprechern unbetont aber nicht leierig, sondern eher still verwundert gesprochen.*
- *Zu den Zeilen 11 und 12 ziehen die Puppen steif und stumm aus dem Kreis hinaus.*

Wie diese Beispiele zeigen, kann die darstellerische Umsetzung von Gedichten durchaus in den Rahmen einer zielgerichteten Spielarbeit gehören und spielerische Kräfte freisetzen, wenn für ruhige Einstimmung gesorgt wird.

Dramatisieren

Vorbemerkung

Jede dramatische Szene, und sei sie noch so anspruchslos, muß eine Handlung enthalten, die einen Anfang, einen Verlauf und einen Schluß hat. Dieses Grundmuster kann auch mit der Abfolge der Etappen Situation – Entwicklung – Abschluß gekennzeichnet werden. Diese haben folgende dramatische Bedeutung:

Situation

Dem Zuschauer muß im Spiel die Ausgangslage klar gemacht werden, aus der sich die Handlung entwickelt, die wichtigsten Personen müssen vorgestellt werden.

Entwicklung

Das ist die Darstellung der eigentlichen Handlung, das Austragen des Konfliktes, das Zusammenstoßen der verschiedenen Interessen, das Eintreten eines überraschenden, erhofften oder befürchteten Ereignisses, die Darstellung des positiven oder negativen Geschehens.

Abschluß

Die Handlung muß einem Ende zugeführt werden, die Wendung zum Guten oder zum Bösen wird zum Abschluß gebracht, die Personen haben etwas gelernt, sind belohnt oder bestraft worden, ein Streit ist so oder so entschieden, eine Frage beantwortet.
Dieses Schema muß jede Spielgruppe bei einer Dramatisierung kennen- und anwenden lernen. Im Laufe der Spielarbeit muß sich bei den Spielern Wissen und Verständnis für das Bauen einer Handlung entwickeln und verfeinern. Ziel ist, daß sich dieser Dreischritt wie selbstverständlich bei jeder Spielübung ergibt, die eine dramatische Darstellung zum Ziel hat.

Regeln

Dazu lassen sich einige Regeln aufstellen und mit den Kindern an Beispielen erörtern und erfahren:

Der Anfang

Schon die vorgegebene oder ausgesuchte Situation muß von den Spielern, die sie zur Szene gestalten wollen, daraufhin überprüft werden, wie sie zu einer dramatischen Handlung umgesetzt werden kann. Es muß bedacht werden:

- Wie sind die äußeren Gegebenheiten beschaffen, unter denen sich die Handlung abspielen soll?

  An was für einem Ort spielt sich das Geschehen ab?
  Welche Personen sind von Anfang an beteiligt?
  Welche kommen später dazu?
  Welche Dinge werden gebraucht?
- Verlangt die Situation Änderung, Korrektur oder Hilfe?

  Ein Verletzter muß versorgt werden.
  Ein Kind ist auf dem Teich eingebrochen.
  Ein kleiner Junge wird von zwei großen verprügelt.
- Ist etwas an den dargestellten Dingen oder zwischen den auftretenden Personen nicht in Ordnung?

  Das Fahrrad hat einen Plattfuß.
  A hat B belogen.
  Es regnet, B hat keinen Regenschirm, A hat einen.
  Das Mädchen kommt mit einer Stunde Verspätung nach Hause.

Der Freund kommt mit Verspätung zum Treffpunkt.

- Solche Anfangssituationen entwickeln sich nur zu einer Handlung, wenn sich die Spieler vorher überlegt haben, wie es weitergehen soll. Zwei oder mehr Personen treffen zusammen, um gemeinsam etwas zu unternehmen. Es muß überlegt werden, wie die Aktion durchgeführt werden soll, damit sich die Handlung entwickeln kann:

  Eine „Bande" will Klingeljagd machen.

  A und B wollen C auflauern.

  Drei Kinder wollen ausprobieren, ob das Eis auf dem Teich schon hält.
- Eine Person trifft auf einen Gegenstand oder ein Tier. Was kann man draus machen, was soll damit geschehen, welchen Einfluß hat der Gegenstand oder das Tier auf das Verhalten der Person?

  Ein Hundertmarkschein wird gefunden.

  Ein krankes Kätzchen sitzt auf dem Weg.

  Eine geheimnisvolle Schachtel liegt vor der Wohnungstür.

Der Spielverlauf

Wie eine Handlung abläuft, ist zum Teil schon durch die Gestaltung des Anfangs bestimmt, muß aber selbst noch geformt werden. Die Hauptforderung, die an einen Handlungsverlauf gestellt werden muß, erkennen die Kinder sehr schnell: Es muß zügig vorangehen, sonst wird es den Zuschauern langweilig, und die Spieler verfangen sich in trockenen Dialogen, die sich im

Kreise drehen. Interessant wird eine Handlung dann, wenn besondere Vorkommnisse Störungen im erwarteten Ablauf verursachen, oder wenn ein unerwartetes Ereignis zu einem schnellen Schluß führt.
Im einzelnen wird überlegt und festgelegt, in welche Einzelszenen die Handlung zerlegt werden muß. Je knapper die einzelnen Szenen gehalten werden, umso leichter ist es, sie übersichtlich und spannend zu spielen. Wichtig ist es, festzulegen, wie der Höhepunkt der Handlung gestaltet werden soll, an dem die Wendung, die Überraschung eintreten soll.

Der Schluß

Der Schluß einer Spielszene muß glaubhaft wirken, gleichgültig ob er vom Handlungsverlauf her vorhersehbar ist oder eine Überraschung darstellt. Das heißt, er muß aus der Handlung erwachsen und sie wirklich abschließen, wenn nicht ausdrücklich ein impulsgebender offener Schluß gefordert wird. Sonst kann der Schluß versöhnlich, traurig, fröhlich oder auch unerwartet glücklich sein. Es ist also nötig, daß die Spieler schon vorher Vorstellungen vom Schluß haben, weil die Entwicklung der Handlung weitgehend davon abhängt, was für ein Schluß angestrebt wird.
Solche Gesetzmäßigkeiten werden die Kinder am besten durch Tun und Beobachten erkennen, weniger durch verbale Belehrung durch den Spielleiter. Dieser wird seine Ratschläge und Impulse so an die Gruppe geben, daß sie dieses Grundmuster beherrschen lernt. Alle spielerischen Einfälle müssen sich dem erarbeiteten

Grundmuster einfügen und durchführbar bleiben. Nur so kann das spielerische Geschehen zu einer Gestaltung finden.

Ein solches Grundmuster einer Szene läßt sich den Kindern am besten an Beispielen aus ihrer eigenen Erfahrungswelt verdeutlichen:

Der neue Fußball

Michael hat einen Ball geschenkt bekommen. Die Mutter mahnt ihn zur Vorsicht, wenn er mit dem Ball draußen spielt. Das aber ist bald vergessen, das Spielen macht zuviel Spaß. Zusammen mit einem Freund übt er auf dem Hof weite Pässe. Plötzlich: Ein wundervoller Schuß, der Ball saust durch die Fensterscheibe des Nachbarn. Was nun? Ärger mit dem Nachbarn, mit der Mutter. Wie läßt sich die Sache wiedergutmachen?

Hieran lassen sich die ersten dramatischen Grundregeln für den Ablauf einer Handlung aufzeigen:

- Der neue Ball ist der Anlaß zum Fußballspielen.
- Die Warnung der Mutter deutet schon an, in welche Richtung sich die Handlung entwickeln wird.
- Wenn zu lange nur hin und her gespielt wird, finden das die Zuschauer langweilig.
- Der Schuß ins Fenster des Nachbarn gibt der Szene eine überraschende, aber doch erwartete Richtung.
- Über den Schluß muß beraten werden:

  Wie reagiert der Nachbar?
  Wie die Mutter?
  Wer bezahlt den Schaden?
  Was passiert den Übeltätern?

Das verlorene Portemonnaie

Andrea soll einkaufen gehen. Sie ist nicht erfreut darüber, murrt heftig, als die Mutter sie ermahnt, gut auf das Geld aufzupassen, sie ist doch kein Baby mehr. Natürlich verliert sie nach diesem dramaturgischen Wink mit dem Zaunpfahl das Portemonaie: Beim schnellen Laufen fällt es ihr aus der Rocktasche. Beim Kaufmann angekommen merkt sie den Verlust. Sie geht zurück, trifft eine Freundin und sucht mit ihr gemeinsam. Es ist vergeblich. Sie muß beschämt nach Hause gehen und der Mutter den Verlust beichten. Die Sache geht aber zum Schluß gut aus: Eine Nachbarin hat das Portemonaie gefunden und schon bei der Mutter abgegeben.

Dramatisieren einer Geschichte

Für einen literarisch vorgeformten Text gilt dasselbe, was oben für das Dramatisieren allgemein gesagt wurde. Auch sie muß für die Darstellung drei Teile besitzen: Anfang – Verlauf – Schluß. Ist das nicht von vornherein der Fall, so muß sie umgeformt, eingerichtet werden. Zwar enthält jede Geschichte für Kinder, ob Märchen, Sage, Erzählung oder Kurzgeschichte, darstellbare Elemente, aber nicht immer ergeben diese Elemente einen zusammenhängenden dramatischen Bogen. Doch das Darstellen einzelner Teile einer Geschichte hat durchaus auch seinen Platz beim darstellenden Spielen, dient jedoch mehr der Interpretation des epischen Ablaufes der Geschichte als der dramatischen Erfassung.

Hat die ausgewählte Geschichte einen dramatischen Bogen, so ist dieser für Kinder und auch ungeübte Erwachsene nicht ohne weiteres erkennbar. Wenn aber eine zusammenhängende Handlung in einzelnen Szenen dargestellt werden soll, muß dieser Bogen bekannt sein und berücksichtigt werden. Auch deshalb sind die beschriebenen gemeinsamen Vorüberlegungen nötig. Damit die Struktur der Geschichte als Abfolge dramatischer Schritte erkannt wird, ist zunächst die Einteilung der Geschichte in spielbare Bilder oder Szenen nötig. Das wird im Gespräch geklärt und niedergeschrieben. Diese Klärung könnte folgenden Ablauf haben:

- Der Spielleiter liest den Kindern die Geschichte eindrucksvoll mit dramatisch getönter wörtlicher Rede und Gegenrede vor. Enthält sie im Original keine

Sten. lesen

oder wenig wörtliche Rede, so sollte der Spielleiter sie entsprechend umformen.

- Zur ersten Interpretation werden wieder einfache Hilfsfragen erörtert und an der Tafel die Antworten schriftlich oder mit Symbolen festgehalten:
  Wer spielt in der Geschichte mit?
  Welche Dinge sind für das Spiel wichtig?
  Wo spielt die Geschichte?
  Welche Beziehungen, Konflikte oder Gefühle sind erkennbar?
- Solche Fragen führen in die Ausgangssituation der Geschichte hinein, ergeben so die Einleitung, die Spielsituation.
- Um dieses erste Bild zu vervollständigen, wird die Ausgangslage weitergeführt. Die Wurzeln des Konfliktes werden bloßgelegt. Das geschieht im Wissen um den Fortgang der Geschichte, der hier schon vorbereitet ist. Dabei helfen weitere Hilfsfragen:
  Was tut die Hauptperson?
  Wie reagieren die anderen darauf?
  Warum ist ein Gegenstand so wichtig in der Geschichte?
- Im zweiten Bild entwickelt sich der Konflikt. Folgende Fragen helfen dabei:
  Wer und was verstärkt den Konflikt?
  Wer möchte lieber bremsen?
  Welche Einflüsse von außen (zufällig oder nicht) verstärken den Konflikt?
- Im dritten Bild löst sich der Konflikt, entweder mit glücklichem Ausgang oder unglücklichem:
  Wie endet der Konflikt?
  Wer freut sich darüber, daß es so gekommen ist?

Wer ist unglücklich oder geschädigt?

Wie könnte es nach dem Ende weitergehen?

Aus diesen Fragen ergibt sich ein überschaubares Spielgerippe mit bestimmten Abschnitten, die jetzt noch mit Stichwörtern aus den Handlungsteilen angereichert werden. Auch das geschieht im gemeinsamen Gespräch. Dabei können einzelne Kinder Teilszenen anspielen, von denen sie eine klare Vorstellung haben.

Diese Zusammenstellung und Erweiterung des dramatischen Gerippes gibt den Spielern Halt und Richtung. Das Spiel versandet nicht durch Vorstellungslosigkeit, ufert aber auch nicht aus. Das gemeinsame Bemühen der Gruppe um den Stoff und die Handlung fördert die Dialogbereitschaft und führt auch zu knapper, sicherer Aussage, weil das Ziel bekannt ist. Solche Knappheit im Dialog und in der dramatischen Bewegung ist für das darstellende Spiel der Kinder grundlegend.

Das Spielgerippe der dramatischen Einrichtung eines Märchens könnte zum Beispiel etwa so aussehen:

Katze und Maus in Gesellschaft

(Gebrüder Grimm)

1. Bild

1. Szene:
Die Katze überredet die Maus, mit ihr über den Winter eine gemeinsame Wohnung zu beziehen.

2. Szene
Die Katze will für den Winter vorsorgen. Sie kaufen sich ein Töpfchen voll Fett und verstecken es hinter dem Altar der Kirche.

2. Bild

3. Szene:
Die Katze hat bald Gelüste auf das Fett und erklärt der Maus, sie wäre zu einer Taufe eingeladen.

4. Szene:
Die Katze kommt zurück und erzählt der Maus, der Täufling hieße „Hautab".

5. Szene:
Die Katze geht zum zweiten Male zu einer Taufe.

6. Szene:
Bei der Rückkehr der Katze wundert sich die Maus über den merkwürdigen Namen „Halbaus".

7. Szene:
Zum dritten Male geht die Katze zur Taufe.

8. Szene:
Bei ihrer Rückkehr wird die Maus mißtrauisch wegen des Namens „Ganzaus", aber die Katze kann sie wieder beruhigen.

3. Bild

9. Szene:
Der Winter ist streng geworden. Die beiden sind hungrig. Sie wollen zum Vorratstöpfchen gehen.

10. Szene:
Die Maus entdeckt das leere Töpfchen und erkennt jetzt die Bedeutung der merkwürdigen Namen. Die Katze fühlt sich entdeckt und frißt die Maus auf.
In dieser Einteilung findet sich das oben skizzierte Handlungsgerippe mit seiner Dreiteilung wieder:
- Das 1. Bild entspricht dem Anfang, der Situationsschilderung, der Einleitung.
- Das 2. Bild gibt die Entwicklung der Handlung wieder, zeigt die eigentliche Geschichte.
- Das 3. Bild bringt den Abschluß, führt die Geschichte zum hier bösen Ende.

Szenische Gestaltung eines Gedichtes

Viele der für Kinder verständlichen Gedichte enthalten dramatische und darstellbare Elemente, manche fordern direkt zu szenischer Gestaltung heraus. Hier sei als Beispiel ein Gedicht von Theodor Fontane vorgestellt:

Rangstreitigkeiten

(Theodor Fontane)

In einem Lumpenkasten
war große Rebellion:
Die feinen Lumpen haßten
die groben lange schon.

Die Fehde tät beginnen
ein Lümpchen von Batist,
weil ihm ein Stück Sacklinnen
zu nah gekommen ist.

Sacklinnen aber freilich
war eben Sackleinwand
und hatte grob und eilig
die Antwort bei der Hand:
„Ob Ladies oder Schlumpen –
's tut nichts zur Sache hier,
du zählst jetzt zu den Lumpen
und bist nicht mehr als wir."

Erarbeitung

Das Gedicht kann von Kindern ohne Schwierigkeiten verstanden werden, auch wenn sich die satirisch-gesellschaftskritische Komponente ihnen nicht erschließt, und wohl auch vom Spielleiter nicht erschlossen werden sollte. Die Situation – feine Lumpen, grobe Lumpen in der Kiste vereint – reizt spontan zum Verkleiden und zum wortlosen Agieren, Stolzieren, Schleichen, Schlumpen, Feintun oder zu unflätigen Gebärden.

Die Spieler leihen den Lumpen Gestalt und Bewegung und giften sich an, wie es die ersten Strophen ganz allgemein beschreiben. Sacklinnen und Batist werden schließlich die Hauptpersonen, deren Streit die anderen genießen.

Das könnte zum Beispiel so erarbeitet werden:

- *Ohne das Gedicht zu kennen, verkleiden sich die Spieler aus der Kleiderkiste oder mit mitgebrachten Fetzen und Kleidern und nehmen ein Weile freien Kontakt miteinander auf, stellen sich vor, lachen sich aus.*
- *Die verkleideten Spieler setzen sich im Halbrund um den Spielleiter herum. Dieser liest ihnen das Gedicht mehrmals vor.*
- *Im Gespräch wird erkannt, daß die Spieler ja schon solche „Lumpen" sind, wie sie im Gedicht vorkommen. Geklärt wird weiter, wer zu den „feinen" und wer zu den „groben" Lumpen gehört.*
- *Aus diesem Gespräch ergibt sich ein Spielgerippe, nach dem eine erste Darstellung versucht werden kann:*

1. Die Lumpen werden von Menschen in den Lumpenkasten geworfen.
2. Sie können sich nicht vertragen und bilden zwei „Parteien".
3. Das Batistlümpchen wird zuletzt in den Kasten geworfen und tut sich sofort als besonders fein hervor, auf der anderen Seite spielt das Sacklinnen die „Hauptrolle".
4. Das Batistlümpchen zeigt seine Verachtung für die groben Lumpen.
5. Das Sacklinnen weist das Batistlümpchen zurecht, nachdem es besonders fein getan hat.
6. Versöhnung oder weiterer „Parteienstreit", das ist die Frage.

Verlauf der szenischen Gestaltung:

1. Der Lumpenkasten wird auf der Spielfläche durch ein Seil abgegrenzt, oder die zuschauende Teilgruppe setzt sich im Viereck um die Spielfläche herum. Einige besonders charakteristisch „fein" oder „grob" verkleidete Spieler sind die Lumpen. Andere treten als Mutter, Vater und Kinder auf, die die Lumpen vorstellen und in den Kasten „werfen". Zum Beispiel führt der Vater einen Lumpendarsteller zum Kasten und spricht dazu: „Dieser alte Sack ist zu nichts mehr nutze. Seht hier das große Loch." Alle rufen: „Hinein mit ihm in den Lumpenkasten!" Der Vater schiebt den Spieler unsanft in den Lumpenkasten. Ein Mädchen stößt ein mit einem feinen Tuch geschmücktes Kind hinein und erkärt: „Seht euch das Tuch an. Es paßt nicht zu meinem Kleid. Und eingerissen ist es auch schon!" Auf diese oder ähnliche Weise werden alle Lumpen in den Kasten befördert.

2. *Schon beim Hineinwerfen der Lumpen gibt es Geschrei und Geschimpfe. Jeder will den besten Platz in der Mitte haben. Niemand kommt zur Ruhe. Alle wälzen sich, kriechen herum, schubsen. Das können die groben Lumpen am besten, während die Feinen besser schimpfen und kneifen können. Schließlich drängen sich die feinen Lumpen in einer Ecke zusammen und wenden den groben den Rücken zu.*
3. *Als letzte wird das feine Batistlümpchen hineingeworfen. Das ist eine äußerst empfindliche Dame, die sich beleidigt fühlt, daß sie überhaupt im Lumpenkasten gelandet ist. Es schließt sich spontan an die feinen Lumpen an und erzählt ihnen, wie fein es ist: „Ja, ich bin vom feinsten Batist – ein Tischtuch bei einer vornehmen Dame. Zwanzig Jahre lang habe ich bei jeder Gesellschaft mit den feinsten Damen und Herren auf dem Kaffeetisch gelegen."*
4. *Während die feinen Lumpen das Batistlümpchen bewundern und beneiden, lachen die groben Lumpen und höhnen: „Ja, und jetzt bist du hier – die feine Dame." Sie nähern sich ihr, um den feinen Batist zu befühlen. Das feine Lümpchen schreit auf: „Faßt mich nicht an, mit euren Dreckpfoten!" Die groben Lumpen höhnen: „Die feine Dame denkt, sie wäre noch auf dem Kaffeetisch!" Alle groben Lumpen: „Bei den feinen Damen, bei den feinen Herren!" Das feine Lümpchen tritt nach ihnen, hopst wütend herum und schreit: „Ihr groben Lumpen ihr! Ich will hier raus! Bei euch will ich nicht bleiben."*

5. *Das Sacklinnen ruft ihr zu: „Du zählst jetzt zu den Lumpen und bist nicht mehr als wir!" Alle andern groben Lumpen tanzen um das Batistlümpchen herum und wiederholen die Worte.*
6. *Alle Lumpen werden ernst und besprechen ihre Lage, die ja gleich mißlich ist, ob sie nun fein oder grob sind.*

Eine solche Gestaltung bietet viele Möglichkeiten mimischer und sprachlicher Erweiterung und könnte bis zu einem Singspiel ausgebaut werden.

Dramatisieren von kurzen Episoden

Im Gegensatz zu ausführlich erzählten Geschichten und Märchen muß bei knapp dargestellten Episoden – Anekdoten, Sprichwörtern, Witzen, Fabeln – die Handlung gegenüber der Vorlage ausgeweitet und mit Einzelheiten angereichert werden. Sonst aber gelten dieselbe Dramatisierungsregeln.

Eine Fabel

Fabeln eignen sich gut als Vorlage für eine freie dramatische Spielgestaltung. Sie besitzen eine klare, einfache und überschaubare Handlung mit einem genau erkennbaren Konflikt. Meist bieten sie schon knappe Dialoge. Die Fabel wird zunächst vorgelesen, nacherzählt, einige Stellen angespielt, das ergibt aber noch keine zusammenhängende, strukturierte Handlung. Also ist es nötig, ein Handlungsgerippe zu bilden. Die einzelnen Szenen, Phasen oder Spielschritte werden an die Tafel geschrieben, einzeln probiert, verbessert und zum Schluß zusammengefügt. Eventuell nicht darstellbare Teile werden von einem Erzähler eingefügt. Das sähe zum Beispiel bei der Fabel vom Raben und vom Fuchs etwa so aus:

Der Rabe und der Fuchs

(Hanna Hanisch nach La Fontaine)

Einmal hatte der Rabe ein Stück Käse gestohlen. Er flog auf einen Baum; dabei hielt er den Käse fest im Schnabel. Da kam ein Fuchs aus den Büschen geschlichen, den hatte der Duft des Käses angelockt. Wie gern hätte er selber diesen Käse gefressen. Er strich um den Baum herum und säuselte in süßen Tönen: „Sei gegrüßt, Freund Rabe, wie schön siehst du heute wieder aus! Wie herrlich glänzen deine schwarzen Federn! Und was für eine wunderbare Stimme hast du! Gern würde ich ein Lied von dir hören!" Der Rabe fühlte sich sehr geschmeichelt. Gleich öffnete er seinen Schnabel und krächzte mit lauter Stimme. Dabei fiel der Käse auf die Erde. Darauf hatte der Fuchs gewartet. Schnell schnappte er den Käse und fraß ihn auf. „Reingefallen bist du!" rief der Fuchs und lachte den Raben aus. „Hau ab, du verlogener Kerl!" krächzte der Rabe voller Wut. „Auf dich falle ich nicht wieder herein!" Da war der Fuchs schon verschwunden.

Folgende Einteilung könnte bei der Beratung entstehen:

Einleitung

- Der Rabe stellt dar, wie hungrig er ist.
- Er fliegt suchend in der Gegend herum.
- Er sieht, wie eine Bauersfrau einen Käse in die Fensterbank legt.

- Er holt sich den Käse und fliegt damit auf einen Baum.

Verlauf

- Der Fuchs entdeckt den Raben und überlegt, wie er ihm den Käse abjagen könnte.
- Er schleicht heran und begrüßt schmeichlerisch den Raben.
- Der Rabe plustert sich vor Stolz auf.
- Darüber vergißt er, den Käse zu fressen.
- Der Fuchs lobt auch die Stimme des Raben und äußert den Wunsch, ihn singen zu hören.
- Der Rabe öffnet den Schnabel, um zu singen. Dabei fällt der Käse herunter.

Schluß

- Der Fuchs verschlingt den Käse und verhöhnt den Raben.
- Der Rabe ist verwirrt und wütend. Er schwört, nie wieder auf einen Schmeichler hereinzufallen.

Dramatisieren von Kinderwitzen

Witze von und über Kinder haben den Vorteil, daß kaum ein Altersunterschied zwischen Spieler und Rollenperson besteht. Es ist daher für Kinder möglich, daraus realistische Szenen zu gestalten. Sie kennen schon ähnliche Handlungen, Gefühle und Konflikte, die hier dargestellt werden sollen, aus eigner Erfahrung. Da Witze aus kurzen, einheitlichen Handlungsbögen bestehen, oft schon dialogisiert vorliegen und eine Pointe enthalten, eignen sie sich auch gut für eine Gruppenarbeit:

Zwei, drei Kinder suchen sich einen Witz aus und gestalten ihn zu einer vorführbaren Szene. Dabei kann eines der Kinder der Spielleiter sein, der die andern anleitet, kritisiert und ihre Darstellung verbessert. Bei geübten Gruppen führt das zu guten Ergebnissen.

Anfänger brauchen aber Hilfen vom Spielleiter. Auch solch eine kleine Szene benötigt eine dramatische Struktur. Damit die Pointe nachher auch wirklich zündet, muß sie so deutlich formuliert sein, daß die Zuschauer sie auch verstehen können. Das verlangt eine Einstimmung auf die Örtlichkeiten und die Charakteristik der Spieler. Nach der Pointe bricht das Stück sofort ab.

Haben alle Kleingruppen ihren Witz darstellungsfähig eingeübt, so spielen sie sich gegenseitig ihre Ergebnisse vor. Solche selbsterarbeiteten Stücke können auch aufgeschrieben werden. Das macht die Kinder mit der Form vertraut, in der dramatische Texte mit Dialogen und Regieanweisungen festgehalten werden.

Die Wette

Detlev hat den Kopf dick verbunden. Sabine fragt ihn: „Was ist dir passiert, Detlev?“ – „Och, ich habe bloß mit Helmut gewettet, daß der mich nicht die Leiter vom Neubau in der Kochstraße huckepack rauftragen kann", antwortet Detlev. Da will Sabine natürlich wissen, wer gewonnen hat. Stolz antwortet Detlev: „Sieht man das nicht? – Ich natürlich!"

Papageienkrankheit

Nina hat zum Geburtstag ein Meerschweinchen bekommen. Susi ist eingeladen und bewundert das Tierchen: „Ach, wie süß! Darf ich es mal aus dem Käfig nehmen?" Nina erlaubt es, aber als Susi dem Tierchen einen Kuß geben will, schreit sie erschrocken: „Nein, nein! Laß das!" Und als Susi wissen will, warum; erklärt sie ihr, daß es gesundheitsschädlich ist, wenn man ein Tier küßt: „Meine Tante Friede hatte einen Papagei, den hat sie immerzu geküßt." Susi nickt: „Und da hat deine Tante die Papageienkrankheit gekriegt und ist gestorben." – „Quatsch," antwortet Nina und setzt ihr Meerschweinchen in den Käfig zurück, „Die Tante ist nicht gestorben, sondern der Papagei."

Woher weißt du denn das?

Helga erzählt ihrer Freundin Karla, daß sie ein Geschwisterchen bekommen hat. „Ist es ein Brüderchen?" fragt diese. „Nein", antwortet sie, „ein Brüderchen ist es nicht. Schade, ich hätte gern eins gehabt." – „Sei nicht traurig", tröstet Karla, die Freundin, „mit einem Schwesterchen kann man viel besser spielen." Helga ist erstaunt: „Woher weißt du denn auf einmal, daß es ein Mädchen ist, das wir bekommen haben?".

Kurs Ausdrucksschulung

Mit den verschiedenen Spielvorschlägen dieses Buches lassen sich für feste Gruppen Kurse mit wechselnden Schwerpunkten gestalten, um viele spielerische und darstellerische Grundformen auszuprobieren. Die Teilnehmer sollten aus höchstens zwei Klassenstufen kommen, um eine einheitliche Übungsfolge zu ermöglichen.

Bestimmte Grundübungen sind in allen Altersstufen durchzuführen, wenn sie in ihrem Schwierigkeitsgrad angepaßt werden. Sie werden von Zeit zu Zeit wiederholt und an beliebiger Stelle der Übungseinheit eingesetzt:

- Kennenlern- und Anwärmübungen
- Gesellige Spiele mit Darstellungselementen
- Bewegungsübungen
- Nachahmungsübungen
- Mimische Übungen
- Übungen zur Spannung und Entspannung
- Einfache szenische Gestaltungen ohne Worte
- Einfache szenische Gestaltungen mit Worten
- Szenische Übungen mit größeren Gruppen
- Mimische Szenen mit einem realen Gegenstand

– Mimische Szenen mit vorgestelltem Gegenstand
– Dramatisierungen in Kleingruppen
– Dramatisierungen in Großgruppen.

Im Folgenden geben wir zwei Beispiele:

Eine erste Kursstunde im 1./2. Schuljahr

- Alle gehen zu einer Musik oder einem Rhythmus auf der Spielfläche durcheinander. Der Spielleiter ruft: „Ring zwei" oder eine andere Zahl. Dann müssen sich jeweils so viele Kinder, wie der Spielleiter gesagt hat, anfassen und einen Ring bilden. Kinder, die übrigbleiben, scheiden für die nächste Runde aus und machen dann wieder mit.
- Die Kinder verteilen sich zwanglos auf der Spielfläche. Der Spielleiter gibt durch Schläge auf die Handtrommel, auf das Päukchen, auf ein Schlagholz, auf die Triangel oder durch Flötentöne gleichmäßige Rhythmen vor. Alle Kinder gehen durcheinander, ohne sich gegenseitig zu berühren. Der verfügbare Raum soll dabei gut ausgenutzt werden. Jeder soll immer dahin gehen, wo am wenigsten andere sind. Der Spielleiter achtet darauf, daß die Kinder normal gehen. Auf einen Doppelschlag bleiben alle stehen und erstarren in der Haltung, die sie gerade eingenommen hatten. Auf einen Dreifachschlag lassen sich alle locker zu Boden fallen. Bei einem einfachen Schlag gehen sie weiter, als wäre nichts gewesen.
- Nach einer Weile wechselt der Spielleiter den Rhythmus, alle Kinder sollen reagieren, ihr Tempo und ihre Bewegungsart entsprechend ändern. Dann gibt er Anregungen:

  Geht wie alte Leute!
  Hüpft wie Frösche – wie Känguruhs!
  Tappt wie Bären!

Fliegt wie Schmetterlinge!
Aber achtet darauf, wie ich klopfe.

Wenn nur die halbe Gruppe beteiligt war, wird nach einer Weile mit den Zuschauern über ihre Eindrücke gesprochen, und dann wird gewechselt.

- Ein Kind tritt in die Mitte und ruft: „Wir sind jetzt alle Affen!" Dazu schlägt es mit der flachen Hand auf den Boden. Alle mimen eine Weile Affen, bis ein Affe auf den Boden schlägt und ruft: „Wir sind jetzt alle Elefanten."
- Zum Schluß wird eine Übung in Spannung / Entspannung durchgeführt:
  Alle Kinder legen sich auf den Boden. Sie sind ganz schlappe Gymnastikbälle. Der Spielleiter „bläst sie auf" indem er entsprechende Pumpgeräusche macht. Die Kinder mimen dazu, wie sie immer praller werden. Schließlich können sie nicht mehr am Boden liegen sondern springen auf und fangen an zu hüpfen. Nach einer Weile gibt der Spielleiter den Impuls: „Die Luft entweicht ganz langsam wieder." Die Bälle werden immer weicher und schlaffer. Sie sinken zu Boden und bleiben schließlich schlapp liegen. Das genießen die Bälle nach der Anstrengung eine Weile und werden dann wieder zu Kindern. Die Übungsstunde ist zu Ende.

In den folgenden Stunden werden die schon bekannten Übungen und Spiele wiederholt und neue hinzugenommen. Der Schwierigkeitsgrad wird allmählich gesteigert. Lieder, Spiellieder und Tanzspiele, die in jede Stunde eingebaut werden sollten, werden hier nicht mit aufgeführt.

Eine erste Kursstunde im 3./4. Schuljahr

Im Kurs für ältere Kinder können die gleichen Übungen eingesetzt werden wie im Kurs für jüngere Kinder. Die Anforderungen an Konzentration und Einsicht werden jedoch erhöht. Zu einem Kurs kommen viele Kinder mit der Vorstellung, daß sie etwas vorspielen sollen. Ihnen muß erst klar gemacht werden, der erste und wichtigste Zweck der Arbeit ist, die eigenen darstellerischen und emotionalen Möglichkeiten zu erfahren und auszubauen.

Eine erste Übungsstunde, die das erreichen kann, könnte etwa so aussehen:

- Wenn die Kinder hereinkommen, spielt schon eine leise Hintergrundmusik, zu der sich die Kinder frei im Raum bewegen. Zum Beginn der eigentlichen Übungsstunde verteilen sich die Kinder dann zwanglos auf der Spielfläche. Der Spielleiter stellt nach der kurzen Begrüßung die Aufgabe, im Raum umherzugehen und dabei auf den angegebenen Rhythmus zu achten:
  Wenn der Rhythmus sich ändert, soll sich auch die Bewegung ändern. Keiner darf beim Herumgehen einen anderen berühren oder behindern. Das ist ganz leicht, wenn man sich immer in eine Richtung bewegt, wo ein „Loch" ist.
  Es wird vereinbart: Auf einen einzelnen harten Paukenschlag lassen sich alle sofort zu Boden fallen und bleiben in der dabei entstehenden Haltung unbeweglich liegen, alle Muskeln angespannt. Nach kurzer

Zeit gibt ein weiches Wirbeln auf dem Päukchen das Signal, die Muskeln wieder zu entspannen und nun locker auf dem Boden zu liegen.

- Der Spielleiter erklärt die nächste Aufgabe: Er zählt langsam und gleichmäßig bis zehn. Dazu erheben sich die Spieler in zehn gleichen Etappen, entsprechend zum Zählen. Das ist nicht leicht, weil der Aufstehvorgang schwer in zehn gleichgroße Einzelbewegungen aufzuteilen ist. Vielen Kindern wird dabei zum ersten Male bewußt, aus welcher großen Zahl von Einzelbewegungen sich eine so einfache Bewegung wie zum Beispiel das Aufstehen vom Boden zusammensetzt. Die Übung wird mehrmals wiederholt.
- Nun bewegen sich die Spieler nach einem beschwingten Rhythmus lebhafter durch den Raum. Er wird schneller und wieder langsamer, die Kinder reagieren darauf. Auf ein vereinbartes Zeichen drücken sich alle an eine Wand und bleiben für etwa fünf Sekunden daran „kleben". Auf einen Doppelschlag hin fallen sie von der Wand ab wie nasse Tücher und bleiben auf dem Boden etwa fünf Sekunden schlapp liegen. Dann zählt der Spielleiter wieder bis zehn. Nun wachsen die Spieler in zehn Etappen wie Ranken an der Wand hoch. Auf eine leises Kratzen des Spielleiters über das Paukenfell verwelken die Ranken langsam und gleichmäßig wieder und sacken in sich zusammen zu einem Häufchen am Boden.
- Jetzt ist der Punkt erreicht, wo sich Spieler und Spielleiter über die Erfahrungen bei der Durchführung der Aufgaben aussprechen müssen. Da kommt zur Sprache, wie sich die einzelnen gefühlt haben, was ihnen schwerfiel und wo sie gern noch weitere interessante

Varianten gespielt hätten. Erste neue Einsichten, was sie in der nächsten Zeit der Freien Spielarbeit erwartet, werden ausgetauscht.

- In einer zweiten Übungsfolge soll die Gruppe als Ganzes reagieren:
  Alle gehen zu einem Rhythmus im Kreis herum. Auf ein Zeichen strecken die Spieler einen Arm nach innen und verkleinern den Kreis so, daß sich ihre Fingerspitzen berühren. Alle gehen vorsichtig weiter und bilden so ein Karussell. Schneller wird der Rhythmus, das Karussell soll so lange wie möglich erhalten bleiben. Aber bald zerflattert es, weil die Bindung der nach innen gestreckten Hände zu schwach war. Beim zweiten Versuch fassen sich alle mit den Händen übereinander fest an, damit sie sich kräftig drehen können. Jeder muß auf alle anderen achten: Das Karussell darf nicht zerbrechen. Auf ein hartes Zeichen lassen sich aus der Karussellbewegung heraus alle so hinfallen, daß sie sich im Zentrum mit den Füßen berühren. Die Figur sieht dann wie eine Blüte aus. Jetzt gibt es ein Entspannungszeichen. Alle liegen locker auf dem Rücken und fühlen sich als Blatt einer schönen großen Blüte. Auf ein weiches Zeichen heben alle die Oberkörper und beugen sich so zur Mitte: Die Blüte schließt sich. Ein weiteres Zeichen läßt die Blüte sich wieder öffnen. Die Spieler legen sich wieder auf den Rücken.
- Weitere solche Spiele erfindet die Gruppe mit dem Spielleiter zusammen und spielt sie nach vereinbarten Zeichen durch.
- In einer dritten Übungsfolge wird schon versucht, ein Gefühl darzustellen. Zum Beispiel Angst:

Alle sitzen im Kreis. Der Spielleiter stellt mit einem Instrument akustisch einen Riesenvogel dar, der auf die Gruppe herabstößt und sie bedrängt. Hier kommt es darauf an, daß die Gruppe sich in ihrer Angst dicht zusammendrängt, sich duckt und angstvoll Abwehrbewegungen macht, wenn der Vogel zustoßen will, sich wieder lockert, wenn er davonrauscht.
Die Übung ist auch umgekehrt zu spielen: Alle spritzen auseinander, wenn der Vogel auf die Kreismitte herabstößt und ziehen sich wieder zusammen, wenn er wegfliegt.
Während des Spielens gibt der Spielleiter knappe aber einfühlsame Situationshinweise, damit die Spieler sich emotional gut einfühlen können. Sie sollen die Angst bewußt erleben, wenn sie sich dem Spiel ganz hingeben. Schließlich fliegt der Vogel fort und alle liegen von der Angst befreit eine Weile ruhig auf dem Rücken.

– Zum Abschluß der Übungsstunde stellt der Spielleiter wieder eine Musik an, zu der sich die Spieler leicht bewegen und sich wieder beruhigen können.

Je nachdem, wie die Erfahrungen und Beobachtungen des Spielleiters mit der Gruppe in einer solchen ersten Stunde gewesen sind, wird er für die nächsten Stunden besondere Kernangebote planen müssen, wie sie in den verschiedenen Kapiteln dieses Buches vorgestellt werden.

Nachbemerkung

Die vielen in diesem Buch angeführten Beispiele für die Freie Spielarbeit als geplante Veranstaltung für Kindergruppen, sind exemplarisch gemeint.
Die Autoren stellen sich vor, daß jeder Spielleiter sie abwandelt, auf seine Gruppe hin verändert und sich anregen läßt, eigene Formen und Methoden zu entwickeln.
Der Begriff „Freie Spielarbeit" wurde von den Autoren bewußt gewählt, weil er eine Synthese aus den beiden Begriffen „Spiel" und „Arbeit" enthält.
Von den Kindern wird viel verlangt: Überlegen – mitdenken – den anderen berücksichtigen – ihn als Partner ansehen – Rücksicht nehmen – sich im Raum richtig bewegen – beobachten.
Aber: Trotz des Begriffes „Arbeit" darf es keine mühevolle, verdrießliche Plackerei werden, was wir bei der Freien Spielarbeit tun. Das Leichte, Beschwingte, Fröhliche darf nicht vernachlässigt werden.
Das ist eine große Leistung. Der Spielleiter hilft der Gruppe durch Impulse, Aufgabenstellung und Vorbild, in diese Synthese aus „Spiel" und „Arbeit" immer besser hineinzuwachsen.